平凡社新書
860

遺伝か、能力か、環境か、努力か、運なのか

人生は何で決まるのか

橘木俊詔
TACHIBANAKI TOSHIAKI

HEIBONSHA

遺伝か、能力か、環境か、努力か、運なのか●目次

第5章　運——運・不運を探求する

はしがき

日本が格差社会に入ったことに、国民の間でほぼ合意のある時代になった。所得や資産において貧富の格差が大きくなったし、教育、仕事、昇進といった機会の平等に関しても、貧乏人の子弟は望むだけの教育が受けられないとか、政治家の子弟しか政治家になれない時代となった。もとより、これら不平等をどれだけ是正したらよいか、人によって意見の異なるのは皆の知るところである。

本書では、このような格差社会において、人はどのような境遇にあれば成功するのか、あるいは成功しないのか、といったことに注目して、その原因をいろいろな側面から探求する。

具体的に、どのような境遇を語るかといえば、「遺伝」、「能力」、「環境」、「努力」、「運」についてである。

遺伝は親から継承する資質であるが、遺伝学の発展はめざましく、いろいろなことが学問的にわかる時代になっている。人が想像できることは、親が優秀（それは体力、容貌、知能、性格など）であれば子どもも優秀である確率は高いだろうとなるが、必ずしもそうではない場合が、かなりある。「鳶《とんび》が鷹《たか》を生む」ということわざからもそれがわかる。遺伝の役割を考えるのが本書の目的の一つである。

能力には人の生まれながらの体力、芸術、容貌、知能、学力、性格など様々な種類があるが、人間の成功、不成功といった生き様《ざま》を決める上で、これらがどれだけの役割を演じるのか、皆の知りたいことと思われるので、それを論じることにする。

環境とは、子どものときにどのような家庭に育ち、あるいはどのような教育を受けたのかといった、まわりの対処の仕方である。その人が大人になったときの人生にどれだけの影響があるのか、といったことを調べる。

とても優れた能力を持って生まれた人であっても、育てられ方や教育の受け方という環境が悪ければ、大成しない場合が相当ある。その一方で、たとえ優れた能力を持って生まれなくとも、良い環境で育てられて、教育・訓練がふさわしければ、その人は順調な人生を送れる可能性がある。これらの意味を考えることは重要なので本格的に検討する。

努力は、能力、環境とは別に、それこそ人が人生を送る上で、どれだけ一生懸命に頑張るのか、あるいは怠けるのか、といったことである。実は、人がどれだけの努力をするのかも、能力や環境と無縁ではないので、そのことに配慮しながら努力の役割を評価したい。特に注目するのは、勉強をどれだけするか、そしてその効果である。

最後は運である。遺伝、能力、環境、努力のすべてに好条件を備えている人にも、運の悪いことは発生する。逆にそれらに恵まれていない人でも、運が強くて、成功する場合がある。運の良し悪しを成功、不成功の原因にしてしまえば、苦悩を感じない人生かもしれない。運をどう考えればよいかを探求してみる。

本書は、このようにして人生の進み方を、遺伝、能力、環境、努力、運という視点から多角的に検討するのが目的である。

賢明な読者は、自分のおかれた、これらの境遇を冷静に評価して、自分にとってふさわしい生き方をするには、どうすればよいのかが少しでもみつかれば、本書の役割を果たせたと思う。

第1章　遺伝

——親が優秀なら子どもも有能か

1　名門家系の歩みからわかること

遺伝、環境、教育などの効果を知る上で、日本とヨーロッパの有名な芸術家の家系二つを紹介して、これからの課題がどう理解できそうかを、入門として提示しておこう。

戦国・江戸時代に権勢を誇った画家の狩野一家

狩野家は、安土・桃山、江戸時代に日本絵画史上において最大の勢力を誇った画派として有名であり、いろいろなところで職業の世襲制の代表例として論じられることが多い。狩野家がどのように世襲を保ち、画風の継承を行ったのかをみてみよう。ここでは武田（2005）を参考にした。

初代　狩野正信

創始者だけに大切な絵師である。足利・室町幕府の御用絵師として将軍・義政の命で銀閣寺の障壁画などを担当したが、現存する作品はあまりない。水墨画を中心にした画風であったが、息子の元信に跡を継がせ、狩野派隆盛の基盤をつくった。

二代　狩野元信

父の遺伝子を受け継いで水墨画を基調とするも、真、行、草の三画体を創始した。政略結婚ともいわれる「やまと絵」の土佐派の絵師の娘と結婚して、日本画風をも取り入れた。これによって草花や鳥といった濃厚色の装飾をもたせ、しかも大画面の絵画という狩野家の伝統をつくった人である。ビジネス感覚にも優れていて、弟子を多く持ち、いわゆる狩野画家集団をつくったのである。自分の子どもを先頭にして、弟子には絵の画き方を徹底的に教えたことはいうまでもない。

三代　狩野直信（松栄）

元信には３人の男子がいたが、長男は早死、三男の直信（松栄）が継いだ。二男がなぜ排除されたか、明確にはわかっていない。遺伝子を重視する立場からすると、直信が絵師としてもっとも優れていたからという大胆な仮説がありうる。もっとも武田（2005）によると、松栄は地味な画家だったようで、狩野家の画風を次の世代の偉大な永徳に引き渡すことに最大の役割を果たしたのである。

四代　狩野永徳

永徳は、狩野家を代表する画家となった。父・直信よりも祖父・元信の画風を継承したし、力強い表現でスケールの大きい絵を画いた。安土・桃山時代の英雄、織田信長や豊臣秀吉といった権力者の好みに合わせるとか、取り入るという巧妙な性格を持っていたのが永徳であった。「遺伝か環境か」という論争に関係づければ、環境にうまく対応できるという才能が永徳にはあったといえる。

五代　狩野光信

永徳の長男。

六代　狩野貞信

光信の長男であるが、幼少だったので、光信の弟・孝信が宗家を実質的に継ぐ。五代目、六代目あたりから画風が一般受けしなくなり、狩野画壇は停滞した。

七代　狩野孝信

貞信の早死により、孝信の三男・安信が宗家を継ぐ。

八代　狩野安信

中橋狩野家（宗家）の誕生。しかし孝信の長男・守信は鍛冶橋狩野家、二男・尚信は木挽町狩野家を創設。すなわち、孝信の三人の息子は、狩野三家として分家するのであるが、それぞれが江戸幕府の奥絵師（御用絵師のこと）として格の高い家系で隆盛を極めた。

なお、守信とは狩野探幽のことであり、一族の中でも特に高名な画家であった。探幽は時の政治権力が京都から江戸に移っていたので、幕府の絵師としての勢力を保つために、居を京都から江戸に移したのである。ついでながら、江戸に移らなかった山楽は、京都で狩野家の養子となって京に残り、京狩野家を残した。

このようにして狩野家（一族から分家した浜町狩野家をも含めることがある）は、戦国時代から江戸時代まで、絵師として隆盛を誇り、時の大名や将軍から寵愛を受けて、いろいろな絵を画いて献納し、権勢を誇った家系であった。

それぞれの狩野三家（あるいは四家）の子孫は、名前に「信」の字を用いたので、一族の栄華を物語るのには十分である。これら一族のすべての人に絵画の才能があったとはとても思えないが、その中でも傑出した画家（例えば、永徳や探幽など）が歴史に残るような絵を画いたので、それらの人を代表的な顔として用いて画壇で権勢を誇ることができたのであった。

世襲は家系の中にいる人で、ある程度の才能を持った人がいれば問題ないが、もし後継がいないとか凡庸な人しかいないときには、有能な弟子を養子にして世襲を保ったことを狩野家の歴史から知りうる。そしてもう一つ大切なことは、狩野家の画風の継承をどのようにすればよいか、ということを代々にわたって伝承したり、文書に残したりしていることも世襲を保持する方法として用いたのである。

それと狩野家の人々の中には、時の権力者や有力者に貢物を贈って、狩野画壇を守ろうとしたこともある。

例えば、永徳は当時台頭してきた長谷川等伯などを阻止しようとしたし、策を講じて一族の絵師を徳川家、豊臣家、宮廷に送り込んで、すべての家系人を中心にして、絵師として寵愛を受けるような方策を張り巡らせたことは有名である。

特に秀吉が長谷川等伯を重用したので、永徳の子・光信の屈辱は大きかった。しかし光信は秀吉の息子・秀頼の心をつかんだので、なんとか生き延びたし、光信の繊細な画風で挽回できたのであった。

絵師として戦国・徳川時代に狩野家はもっとも目立つ家系として存在したが、一族の画家としての能力・実績に加えて、家系を盛り立てるために政治力も相当に使ったのである。世襲には遺伝子の継承に加えて、権力からの支援が必要、すなわち、まわりに漂う環境にうまく対応することが必要であったということを、狩野家の歴史から記憶しておきたい。

80人にものぼる音楽家を生んだバッハ一族

音楽の父とも称されることのあるヨハン・セバスティアン・バッハ（1685－1750）は、1000曲以上もの作品、それはカンタータ、ミサ曲、コラール、オルガン作品、クラーヴィア作品、室内楽など多岐にわたる楽曲をつくったバロック音楽史上の大作曲家であるし、オルガン奏者でもあった。

彼の一家は、祖先から子孫まで音楽家を数多く輩出した有名な音楽一家である。遺伝と家庭環境を考える上で格好な例となっている。

後に述べることであるが、絶対音感の才能は生まれてから5歳くらいまでに植えつけられるとされる。代々がオルガニスト、作曲家、音楽教師の多かったバッハ家では、家庭内に音楽が充満していたであろうから、幼少の頃に音楽の才能を蓄積させたと予想できる。

この才能を遺伝子による天賦の才の業《わざ》によるだけ、とみなすのは不適切であり、ごく幼少の頃の音楽訓練や練習も大切である。バッハ家にそれのあったことは容易に想像がつく。バッハについては、礒山・久保田・佐藤（2012）、久保田（2015）などを参考にした。

バッハ家の音楽一家としてのスタートは、ファイト・バッハという人物にある。16世紀の人であり、本職はパン屋であったが、楽器を弾きながらパンを焼いていたという音楽好きで、しかもルター派のクリスチャンであった。その後のバッハ家も宗教はルター派であり、これが数多くの宗教曲を作曲した原動力なのである。

ファイト・バッハの後の世代の代々が、宮廷の楽長、オルガニスト、器楽奏者などになり、ヨハン・セバスティアンもこの流れの中で育ったので、音楽一家という環境の持つ意味はとても大きい。なお具体的には、ファイト・バッハの息子がヨハネス・バッハ、その次男のクリストフがヨハン・セバスティアンの祖父となる人であった。その子どもがヨハン・アンブロジウス・バッハであり、同じく音楽家であった。代々に音楽遺伝子が継承されていたし、ヨハン・セバスティアンの時代になってそれが大きく開花した。

もっとも大切なことは、小さいときに両親を亡くしたヨハン・セバスティアンは、オルガニストであった長兄ヨハン・クリストフ・バッハの下で育てられ、幼少の頃から音楽に異常な関心を示し、楽器の訓練や楽譜の模写に熱心だったことにある。ここに才能の役割が加わり、才能と環境が相重なっての音楽家の誕生であった。

ヨハン・セバスティアンは18歳でオルガニストとなり、演奏と作曲を職業とする音楽家になった。バッハ一族の家系としては珍しくないことである。

アルンシュタット、ミュールハウゼン、ワイマール、ゲーテと各地の教会を渡り歩いてから、ライプチッヒに定着して、その地で27年間にわたって教会オルガニストと作曲家の仕事に従事した。

ヨハン・セバスティアンには2人の妻がいた。最初の妻（23歳、ヨハン22歳のときに結婚）マリア・バーバラは本家が音楽一家だったので、とても音楽で満ちた家庭になったのである。男子5人、女子2人の子どもを儲けたが、3人は早逝しており、そのうち成人した男子3人は音楽家となった。

2人目の妻アンナ・マグダレーナはヨハン・セバスティアンより16歳も若く、2人の間には13人の子どもがいた。しかし、成人したのは6人だけであった。アンナの父はトランペット奏者であったし、本人も音楽教育に熱心で、さらに歌手でもあったので、遺伝と環境ともに音楽家を生む土壌は存在していたのである。アンナとの間の2人の男の子も音楽家になった。ヨハン・セバスティアンの息子のうち前妻との間の3名を加えると、合計5名が音楽家となったのである。

5名の息子・音楽家のうち、特筆すべき人物は次男のカール・フィリップ・エマーヌエル・バッハ(1714－88)なので、彼のことを書いておこう。これについては久保田(2015)が詳しい。

興味あることは、父のヨハン・セバスティアンよりも息子のエマーヌエルの方が有名な音楽家とされた時期があったことだ。

彼は、父と同世代であり父の友人でもあった、同じくバロック音楽の大家フィリップ・テレマンの影響を強く受けた。エマーヌエルがフィリップという名前を持つのもテレマンにちなんでいる。次世代のハイドンやベートーヴェンという偉大な作曲家にも多大な影響を与えた音楽家である。

父ヨハン・セバスティアンの優れた音楽遺伝子を引き継ぎ、しかも幼少の頃から音楽の充満した家庭生活の中で、しっかりとした音楽教育を受けたのであるから、エマーヌエルが一流の音楽家になる道を歩むことは自然なことであった。ところが彼は、自分が名声を得つつあるのは、父ヨハン・セバスティアンの名声とたゆまぬ指導があったからだと謙虚な態度でいたのであり、性格は控え目なところがあった。

現役の頃はクラーヴィアの演奏家として有名であったし、作曲においても既に述べたように、いくつかの宗教曲や器楽曲で有名になっていた。

ところが19世紀に入ると、父ヨハン・セバスティアンの名声は非常に高くなるのに引き換え、息子エマーヌエルの名前は低下の一途をたどった。

ヨハン・セバスティアンの名前が一時は消滅しかけたが、その後再び名声が高まったのは、彼以降の作曲家であるモーツァルト、ベートーヴェン、メンデルスゾーン、ショパン、シューマンなどがこぞって細々ながらヨハン・セバスティアンを賞賛し続けたことが大きい。さらにメンデルスゾーンによる「マタイ受難曲」の演奏が一気に人気を博し、ヨハン・セバスティアンを不動の名作曲家として定着させたのである。一方、エマーヌエルはシューマンなどによって、「父ヨハン・セバスティアンと息子エマーヌエルは格が違いすぎる」という批判を受けて、名声は消滅した。

このように、バッハ一族は名声の高い人と低い人という音楽家から成るが、80名ほどの演奏者、作曲家を生んだのであり、いわゆる家系、世襲を語るときは必ず登場する一家である。

そこには遺伝、家庭環境、教育、職業世襲という要因が複雑にからんでいるのであり、当時は、現代のような遺伝研究や家族社会学などの発展はなかったので、どの要因がもっとも効力を発揮したかは、なかなかわからない。

2 遺伝の役割とは何か

世代間で継承される遺伝情報

親子間で知能、容貌、身体能力、性格、顔かたち、などが似ていることが多い。それら形質が世代間で継承される現象を遺伝と呼ぶ。

この現象は人間（ヒト）のみならず、すべての動物、植物などの生物が持つ性質である。

それを掌《つかさど》るのが遺伝子であり、遺伝情報を伝える単体である。遺伝を学問的に解明した人はメンデルであり、有名なメンデルの法則を発見した。

DNA（デオキシリボ核酸）という言葉がよく用いられるが、遺伝子の本体と考えてよい。ヒトのDNAはアデニン（A）、チミン（T）、シトシン（C）、グアニン（G）の4種類の核酸塩基からできており、それが「らせん状」になっていることを発見したのが、有名なワトソンである。

ヒトの遺伝情報は、30億の塩基から成るので、DNAが2本のらせんなら、ヒトの遺伝子は合計60億の文字で書かれていることになる。父と母それぞれから30億の情報が子どもに継承されるのである。とはいえ、遺伝情報はDNAのほんの2パーセントしか有用でないとされる。

以上、高校の生物の教科書に出てくる遺伝に関する事柄であるが、筆者あるいは本書にとって重要でかつ有用な遺伝に関する事項をいくつか挙げて、それらを理解しておこう。

優生思想を生む契機となったメンデル「遺伝の法則」

遺伝学を誕生させたほどの影響力を与えたオーストリアのメンデル（１８２２-８４）は、

メンデルの法則と呼ばれる学説を唱えた。彼はエンドウマメをいろいろと交配させて異なる形状を持つエンドウマメの誕生をみるのであるが、そこに規則性があることを発見した。オシベ（オス）とメシベ（メス）は親の遺伝子が半分になること（減数分裂）によって、子どもはその半数同士が一緒になるので、両者を掛け合わせたような子どもが生まれると考えたが、第1世代と第2世代において規則性のある子どもの誕生をみた。

ここからは石浦（2007）の解説に負う。丸いエンドウマメの遺伝子をR、しわのあるエンドウマメの遺伝子をrとし、生物はある形質（「丸い」か「しわ」か）に関して、それぞれ対《つい》になる2個の遺伝子を持つと考えた。丸いエンドウマメはRR、しわのあるエンドウマメはrrを持つことになる。これら純粋なエンドウマメを交配すると、第1雑種世代ではすべてがRrの遺伝子となり、みかけ上は丸いエンドウマメが誕生する。これはRに「優性」の性質があることによる。

これら第1雑種世代を交配させると、第2雑種世代は、RR、Rr、Rr、rrの4種類になるが、RrはRが「優性」なのでみかけ上は二つの丸いエンドウマメの出現となる。RRは当然のごとく丸く、rrはしわがあるので、四つのうち三つが丸いエンドウマメ、一つがしわのあるエンドウマメの出現となる。孫の世代は3対1の規則性による出現となる。これがメンデルの遺伝の法則となった。

これらの性質を、学問の世界では優性の法則、分離の法則、独立の法則と呼ぶようであるが、学問上のことよりも現実の人間社会に起きていることを考慮に入れると、優性の法則に対してもっとも高い関心を抱く。

実は、現代での学問的な発展によると、この優性の法則には、多少の疑問があるようである。しかし、「優生学」という学問は「優生思想」という思想を生む契機にもなった。人間社会にとっては重要な論点なので述べていきたい。

ところで優性、劣性というのは、人間の形質において（例えば、知力とか体力とかが）優れているとか、劣っているといったことではなく、異なる対立遺伝子が存在するときに表れる性質なり形質を「優性」と呼び、逆に遺伝子を一つ持っているにも拘わらず、みた目には隠れてしまうことを「劣性」と称するのである。先ほどのRとrの例だと、Rが優性、rが劣性なのである。

ダーウィンの進化論は社会に何をもたらしたか

橘木（2015a）は世界の代表的な知的エリート9名を論じた。その中の1人がチャールズ・ダーウィン（１８０９－８２）で、メンデルとほぼ同時代の人である。ダーウィンについてはかなり調べたので、その一端をここで紹介する。

ダーウィンは、いわゆる進化論を提案した人で有名である。生物やヒトは自然淘汰の末に絶滅したり、一方で優れた強い種として進化する、ということを生物学として主張したのである。１８５９年の『種の起源』は、このことを公表した書物であり、生物の世界における生存競争の激しさを念頭において、進化していく種とそうでない種が自然と淘汰される姿を描いたのであった。

ダーウィンが「自然淘汰（あるいは自然選択）の原理」を主張する以前には、例えばラマルクの「用不用説（動物ではよく使う器官は発達するが、よく使わない器官は退化するので、動物は代を重ねるごとに高等な動物に進化するという説）」や、ド・フリースの「突然変異説（生物は、何かの刺激を受けると遺伝子が突然に変異して、違う種の生物になるという説）」などがあった。

その当時、まだ遺伝子という概念は定着していなかったが、ダーウィンはそれらの説を念頭におきながら自己の説を主張したのであった。

ダーウィンの新しい学説の影響は大きく、ダーウィン革命と称されるほどのインパクトを社会に与えた。ここでは生物学上の革命については深入りせず、ダーウィンの進化論がなぜ生まれたのか、そして人間社会に与えた影響などを主として議論したい。

その前にダーウィンの人生を簡単に素描しておこう。彼は医師を稼業とする裕福な家庭に育ち、医師になろうとするが、医学が自分には向いていないことを悟り、ケンブリッジ大学で自然学、生物学、地質学などを勉強した。

ダーウィンにとって有益だったことは、大学卒業後に英国海軍の世界海図作成のための測量船である「ビーグル号」に乗船して、５年間の世界旅行をしたことであった。そこで世界に存在する種々の生物の実態をみることができた。絶滅に近い品種、珍しい奇妙な品種、その地域での絶大な勢力を誇っていた品種などに直《じか》に接して、後に進化論にたどり着くようになる様々な生物学上のヒントを得たのであった。

南米大陸西方の太平洋上にあるガラパゴス諸島に、珍しい動物が存在していて、フィンチと呼ばれる14種の鳥に接した。その鳥の種類によって食べ物や色、特にくちばしに違いのあることをみつけて、適当な食べ物が噛めるようにフィンチの種類が適合すべく、くちばしが進化したと考えた。あるいはもう一つの説は、マネシツグミと呼ばれる尾の長い鳥からも進化のヒントを得たとされる。

これら生物学上の進化の実態を踏まえて、ダーウィンは生物界に適者生存、あるいは自然淘汰説への到達である、進化論への道を開いた。

強者が弱者を排除するという危険な思想

ダーウィンがこの進化論を公表するにあたって、同時代に生きた一人の経済学者と一人の哲学者が、互いにダーウィンの学説と影響し合っていると知ることは、本書で扱う人間社会にとっては重要である。

前者はトマス・ロバート・マルサスであり、後者はハーバート・スペンサーで、ともに当時、学問の進歩がもっとも顕著であったイギリスの人である。

マルサスは、人口は幾何級数的に大きく増加するが、食料生産は算術級数的に少ししか増加しないので、出生率を抑制しない限り、人間は餓死に至るという悲観論を主張した有名な経済学者である。現にマルサスは、出生率抑制のための様々な手段も提唱したのであった。背後には、後に詳述する優生学的な知見から、優れた男女が子を持つことは奨励するが、劣る男女が子を持つことを勧めない、という隠れた意図もあった。

　そのことをより明確に主張したのが、スペンサーである。彼は「適者生存」という造語を編み出して、種の中にある遺伝子や形質が外部の環境にもっとも適していれば、その種は子孫として今以上に増加していく、という考え方を提唱した。逆に外部の環境に適さない種は衰退していく可能性が高いとした。いわば〝強者が弱者を駆逐する〟のが自然界、人間界の掟であると主張したのだ。

　この思想は、社会的進化論の起源とみなされており、後にダーウィンもこの思想の影響を受けて、彼の『種の起源』第6版でスペンサーに言及している。生物界と人間社会では性質は異なるが、進化という現象では共通のものがあると解釈できるのである。ここで適者＝強者、不適者＝弱者と解釈すれば、社会的進化論は弱肉強食論と結びつけられかねない危険性があった。

　次に述べるべきことは、ダーウィンの進化論が社会に与えた影響である。ダーウィン革命と称されたほどのインパクトがあったので、それらをいくつか具体的に論じてみたい。

　第1に、優生学を引き起こした効果である。統計学者で「平均への回帰」（後に詳しく述べる）という理論を打ち出したフランシス・ゴールトンという人がいる。ダーウィンとは従兄弟の関係にあった。ゴールトンも最初は医学を修めようとしたがなじめず、若いときにはエジプトを放浪したというから、なんとなくダーウィンの若い頃に似ている。

このことに注目して安藤（2000）は、2人は一卵性双生児のように遺伝子を共有しているようだ、と述べている。成人してからの2人は、似たことを主張するので、あながち一卵性双生児のようというのは誇張ではない。

ゴールトンはケンブリッジ大学で、数学を学んでから当時生まれつつあった統計学に入ったのである。生物学と統計学を融合させて、生物の種子を親世代、子世代、孫世代と世代ごとに順に追っていくと、数多くの親世代が持っていた特質は、子世代、孫世代へと継承されていき、徐々に親世代が持っていた特質の平均値に収斂《しゅうれん》する、つまり「平均への回帰」という現象を発見した。ついでながら統計学でいう「回帰係数」という言葉は、このゴールトンの「平均への回帰」が語源である。学生時代に統計学を必死に勉強した筆者にとってはなつかしい名前のゴールトンである。

彼は、この平均への回帰を避けるには、人間に当てはめて次のようなことを考えた。世代が進むことによって優秀な人間から凡庸な人間へと「平均への回帰」の発生を避けるために、優秀な人間同士の交配を勧めて、劣等な人間同士の交配を避ける方策が好ましいと考えたのだ。

『遺伝的天才』という著書の中で、人の才能はほぼ遺伝によって継承されると主張して、優秀な人間を多く輩出するための優生学の発想を主張した。

悪名高いナチス・ドイツの時代におけるユダヤ人排斥や、福祉国家スウェーデンにおいては一昔前に精神異常者に断種を行って子どもをつくらせないようにした、などという優生学に基づいた悪例がある。このような意味からすると、ダーウィンの進化論やゴールトンの遺伝学は、優生思想を支持する根拠になりかねないリスクがあった。

第2に、キリスト教の教えるところによると、人間は神の子として生まれているのであって、人間が進化するということはありえない、とする宗教上の信念に反するという声が上がった。特にアメリカにおいてこの反対の声は強く、ダーウィンの進化論は政治的キャンペーンとしても抵抗を受けたのである。

ついでながらダーウィンの住むイギリスにおいても、猿の身体をもつダーウィンの顔が風刺漫画で描かれており、「猿が人間に進化したのではない」という感情論からダーウィンの進化論は反発を受けたのである。

第3に、既に少し述べたが、ダーウィンの進化論はスペンサー流の社会進化論と合体して、強者の論理、強者が弱者を排除するという思想の台頭を促した側面がある。

いわば人間社会における弱肉強食の世界の容認であって、競争の末に人間の間に格差が拡大することは自然の摂理なのでやむをえない、という思想を支持する根拠として使われるようになった。「社会的ダーウィニズム」という言葉が用いられるようになったことも、このことを裏づけている。

ダーウィン自身が研究の過程で、このような社会進化論を念頭においていたかどうか不明であるし、ダーウィンは生物学のことしか頭になかった、と想像した方が正しいだろう。しかし、日本を含めて世界各国が所得をはじめ各種の分野において格差拡大を経験している現代において、ダーウィンの主張した進化論が人間社会においても妥当であるかどうか、大きな論点を提供中である。

3 遺伝学の発展から何を学ぶか

遺伝子か経験かという論争

遺伝子の発見以来、人間の体格、才能、性格などを決定するのは遺伝なのか、それとも育つ環境でそれらを変えることができるのか、そして人の努力は遺伝によるハンディを克服できるのか、という話題が論争の的となった。これらの話題は後に詳しく検討するが、何が大きな論点なのかを、ここで入門として記しておこう。

それは、人間は生まれたときの資質で人生のほとんどが決まっているのか、それとも生まれてから後に経験することで決まるのか、という論点に凝縮される。

前者はコンラート・ローレンツなどによる「遺伝子決定論」で代表されるし、最近ではスティーブン・ピンカーが有名である。一方で、これら遺伝子決定論に反対の声のあることは確かで、例えばスティーヴン・グールドで代表されるマルクス思想の側に立脚した生物学者から批判を受けた。彼の主張は『人間の測りまちがい』（河出書房新社）で述べられており、優生思想や人種主義への反対論にまで発展している。

この遺伝子か経験かという論争は、実は、遺伝学が誕生する以前の歴史上において、哲学や政治学の間でも行われていた。それが有名な「ブランク・スレート」か、「反ブランク・スレート」かの対立である。

フランスの哲学者ルネ・デカルトは、人間の知識は生得的に決まっているとして、遺伝子決定論を主張していた。しかし一方で、イギリスの哲学者ジョン・ロックやデイヴィッド・ヒュームは、人は生まれた後の人生の経験によって決まると主張した。ロックなどの考え方は、「ブランク・スレート（真白な石版）」論とされて、人間は生きている間の経験によって真っ白な石版にいろいろ書き込まれていくのだとしたのである。

この二つの国に住んだことのある筆者は、フランスの合理主義とイギリスの経験主義の対立ということをまさに実感できたのである。どういうことかといえば、フランス人は合理的な理論（時には屁理屈）を大切にし、イギリス人は現実に発生していることを重視する、といった思考や生活の違いを両国で体験できたのである。

最後に、遺伝子決定論者でオーストリア人であるコンラート・ローレンツ（1903－89）について一言述べておこう。次節で遺伝学に立脚した優生思想とナチス・ドイツのことを論じるが、ローレンツは彼の動物学と優生学が確立する以前の1938年にナチス党に入党していたのである。

ナチス・ドイツは、積極的優生学に与《くみ》して優秀な遺伝子を持つ男女の結婚を奨励し、逆の人々を排除する消極的優生学派にも与して、それらを実践したのである。ローレンツがナチス党員だったころに、生物学への貢献が評価されて1973年にノーベル生理学・医学賞を受賞した。

受賞の直接の理由は、筆者の専門外の動物行動学での貢献なので、その学問的な成果は論評できないが、ナチス党員と遺伝子決定論者という二つの顔には結びつくところがあるので、ローレンツを紹介した次第である。

利己的・利他的という言葉の持つ道徳的価値

遺伝子が発見されてから遺伝学の学問的な進歩は著しかった。

本書は遺伝学の学術書ではないので、それらを解説することは避け、この本にとって有益な遺伝に関する事実をいくつか提示して、直感としてわかりやすいことを記述しておこう。遺伝学の発展を学者の堅苦しい議論ではなく、ジャーナリストの眼からみたわかりやすい叙述が、マット・リドレーの『やわらかな遺伝子』（紀伊國屋書店、2004年）という書物の中でなされているので、それを参考にしたい。

この書物は「生まれ（遺伝）か育ち（環境）か」という論点に関して、そのどちらかを支持ないし主張するという目的ではなく、彼の言葉を借りれば「生まれは育ちを通して」という主張になる。両者はお互いに影響し合っていると解釈できるのである。

だが、遺伝がほとんどのことを決めるとする、遺伝子決定論を強力に推し進めた生物学者にリチャード・ドーキンス（1941－　）がいる。彼は『利己的な遺伝子』（紀伊國屋書店、2006年）を出版して、遺伝子は利己的な行動を起こす性質を持っていると主張した。

ここで利己的とは、哲学・倫理学でよく用いられる言葉であり、自分の利益になることを優先して行動するような動機を意味する。これを遺伝子に関連させて翻訳すると、厳しい遺伝子競争の中で自己の遺伝子をより強固に生存させようとする遺伝子が、利己的遺伝子の性質なのである。換言すれば、自己の遺伝子が生き残る確率を高めることが可能であるし、繁殖力の高い遺伝子であると解釈することが可能なのである。

生物の世界では、エサを奪い合い、強い動物が弱い動物を食物として殺し、オスとメスはしのぎを削って交尾の相手を得ようとしている。これらは生物の戦闘的な側面を示している。これと似たことを連想して、遺伝子の世界でも他を押しのけて自己増殖を図る姿を重視したのである。

この性質が親子間で身体的な特徴、頭の良し悪し、そして性格までを含めて、親から子に、それぞれの特質が引き継がれることが多い。すなわち、親子は類似した点が多々あることを証明できる一つの要因となるのが、この利己的遺伝子の存在なのである。学問的でない言葉を用いるなら、同一遺伝子を持つのが世代間で継承される確率が高いので、「人を決めるのは遺伝子だ」という主張ができることになる。

一方で、「利己的」という言葉の反対語は「利他的」という言葉である。利己的が自己中心的な考え方をすることを意味し、利他的が自己の利益を損なってでも他者のことを配慮して、他者のためになること、他者の成功を助けようとする考え方を意味する。

遺伝子（生物学）の世界では、利他的行動の考え方の方がむしろ主流であった。有名な例として生物学者が指摘したのは、ミツバチにおける働きバチの利他的行動である。働きバチはひたすらに働いて女王バチに貢献するのであり、自らの子孫は残さずに女王バチの子孫を残す行動に全面的に委任する。

すなわち、働きバチの行動は利他的発想で解釈できる。これは自分は利益を得ないが、群れや種のためになるから利他的行動をとるということになる。働きバチに説明された論理は働きアリ、あるいはカマキリといった動物にもみられるので、生物学者を悩ませたのであろう。

この動物の利他的行動と遺伝子にみられる利己的特色との矛盾をどう解決したのか、リドレー（2004）に解説があるので、これを引用しておこう。すなわち、働きバチや働きアリは本来ならばメスなのであるが、自分で子を生むよりも女王にそれを任せて、その子を自分で育てるという、利他的と考えてよい行動を選択した。それが自己の種の生殖率を高めるという利己的な行動に結びつくのであるから、あえて利己的な遺伝子として映ると考えたのである。このことをあえて「利己的遺伝子」という名前を用いてドーキンスは矛盾を説くべく解説したと言ってよい。

もとより「利己的遺伝子」論は、遺伝がすべてを決めるという「遺伝子決定」論につながりかねない危険性があったし、それが遺伝子自体が意思を持って利己的に行動するものだという考えを広めかねない。そして次節で述べる優生思想を助長しかねない恐れもあるので、「利己的遺伝子」論には反対論も根強く、慎重に扱わなければならない主張である。

生物学の世界には素人である筆者は、「利己的遺伝子」論を正確に評価することはできないが、経済学専攻者としては生物学を離れて、利他的、そして利己的という言葉の持つ道徳的な価値に関心が高い。動物学者の世界では、フランス・ドゥ・ヴァールで代表されるように、サルやチンパンジーの世界においても他者を思って助け合う行動をすると主張していて、利他的な道徳をこれらの動物は持っているとした。

ドゥ・ヴァールはこのことを共感（エンパシー）と命名して、同一品種の動物が他者の感情や意図を読み取って、相手を慰めたり協調して助け合うといった行動をすると主張した。

もとより人間にもこのような共感、すなわち利他的行動をする特色がある。しかし一方で、利己的行動をとる人も多いので、はたして、人間では利他的行動と利己的行動のどちらが優勢であるか、そしてそれは親子間で遺伝するのか、といった話題には興味のある点が多い。

遺伝学の発展から得られる教訓

最後に、遺伝学の発展から得られたことで、我々が記憶しておいた方が好都合である事実・理論をリドレー（2004）らに立脚しながら、筆者が重要と思う点を要約しておこう。

（1）遺伝子は神ではなく歯車にすぎないので、いかようにも利用可能である。すなわち人の生を制約するものではなく、対応の仕方によっては新しい可能性の世界に導くことができる。これは遺伝で決まる不利な初期条件を、人の育て方や教育、あるいは環境の整備によって変えることがありうることを意味している。

（2）子どもは親に似ることが多い。それは両者には共通の遺伝子を共有する確率が高いからである。とはいえ、それを宿命と思ってはならない。幼児期におけるしつけが役立つし、家庭における明るさが子どもの性格形成によい効果がある。

（3）子どものときにおけるまわりにいる仲間、友人がどういう人であるかは、その人の人格や学力の発達、あるいは人生の送り方に大きな影響があるので、幼児期に誰とつき合いを持つかは大切である。

（4）公平な社会では「生まれ（すなわち遺伝による才能）」が強調され、不公平な社会では「育ち（すなわち環境）」が強調される。前者の意味するところは、人々に平等な機会や教育が与えられるなら、人に差をつけるのは本人の能力差ということになる。後者の意味するところは、人々に平等な機会や教育が与えられていないのなら、人に差をつけるのは、その人がどういう境遇で育ったかによって決まる。
(5) 個人間の遺伝子の違いが、人種間の違いよりも圧倒的に大きな影響力がある、ということがわかっている。これは人種間、例えば白人と黒人の間に才能(例えば知能など)に差があるという通念に警鐘を鳴らしている。人種の問題が大きな課題となっているアメリカで重要な話題であり、日本ではさほどの関心はない。
(6) 人間の知能と性格を比較した場合、性格の方が知性よりもはるかに遺伝性が高い。すなわち、子どもは親の性格を継承する可能性が高いことに留意する必要がある。

以上、遺伝に関して筆者が重要な事実と判断する点であるが、詳細は後の章で詳しく議論される。

4　人類の進歩を図るはずの優生思想だが……

優生学とは何か

メンデルで遺伝学の基礎がつくられ、ダーウィンによって進化論が芽生えることとなり、生物学は19世紀末から20世紀にかけて新しい動きが起こっていた。それが今日でいう優生学である。

優生学とは、生物ないし人間の遺伝構造を研究して、その素質を改良する目的を持ち、人類の進歩を図る運動と理解してよい。

では、なぜ「運動」という言葉がここで記されているかを説明すれば、単に科学的に遺伝を研究するのみならず、人種改良という目的を掲げて、そのためにはどうすればよいか、という社会的な運動もする、という意味が込められているからである。現代に即していえば、遺伝子操作によって生物や人類の品種改良を行う活動につながっているのである。

品種改良政策ないし優生政策に関しては、二つの大きな流れがある。

一つは積極的優生学と称されるもので、子孫の品質を良くするためにはどうすればよいかという関心が高い。例えば、優秀なオス（人であれば男）とメス（人であれば女）を交配（人であれば結婚）させて、優秀な子孫を残すということを考える。

一方で消極的優生学とは、品質の劣る子孫の発生・誕生を阻止するために優生学の考え方を適用しようとする。わかりやすい例を示せば、身体的ないし知的ハンディキャップを持つ人には産児制限や断種を行ったりして、遺伝を原因とするようなハンディキャップを持つ子孫の誕生を未然に防ぐため、として優生学を応用するのである。

この消極的優生学は、人間の自由を尊重しないとか、人道上で問題があるとの批判が当然あるので、論争の的になってきた。

積極的優生学と消極的優生学は、大きな論点を社会に提供している。これらを現実の世界で導入してきた国を紹介しながら、詳しく後に議論する。

優生学の創始者ゴールトンの社会的警告が意味したもの

優生学の創始者はイギリス人のフランシス・ゴールトン（1822－1911）である。しかも優生学（eugenics）は彼の造語とされる。進化論のダーウィンとは従兄弟という関係にあり、当然のことながら彼の『種の起源』を学んだだろうし、親族であることからの影響を受けたことは確実である。

先に述べたとおり、筆者はゴールトンを統計学者であると思っていたし、優生学のゴールトンは後になって知ることとなった。学生時代に統計学を勉強していたとき、回帰式という言葉を知ったのである。

統計学で回帰式とは、統計データを一つの数式（例えば、Y＝a＋bX、Y、Xは現実に観測された変数、a、bは推計されるべきパラメーターの値）で、もっとも高い適合度で説明するようにする手法である。図1－1はYとXの関係を示しているが、Xは複数個（X_1、X_2、……、X_n）あってもよい。

ゴールトンは「平均への回帰」ということを主張して、これが回帰式の語源となった。ゴールトンの「平均への回帰」は、花の一種であるスイートピーの親子の特質を比較すると、子の特質は親の特質よりも平均値に近づくような姿で出現することを発見したのである。

これをわかりやすい言葉で解説するために、人間の親子で考えてみよう。両親の背が高ければ、背の高い子どもの生まれる確率は高いが、背の低い子どもの生まれる確率も低いながらゼロではない。同じことは背の低い両親の子どもにも当てはまる。人間社会では背の高い者同士、背の低い者同士の結婚は確かに多いが、必ずしもそうでない結婚もある。
これらすべてを考慮すると、子どもの背の高さは両親の背の高さの平均に近づくと考えてよい。社会全体でみると、親子それぞれの背の高さの平均値には、栄養がよくなることを無視すると差が生じないのである。

図1-1　統計学による回帰式（YとXの関係）

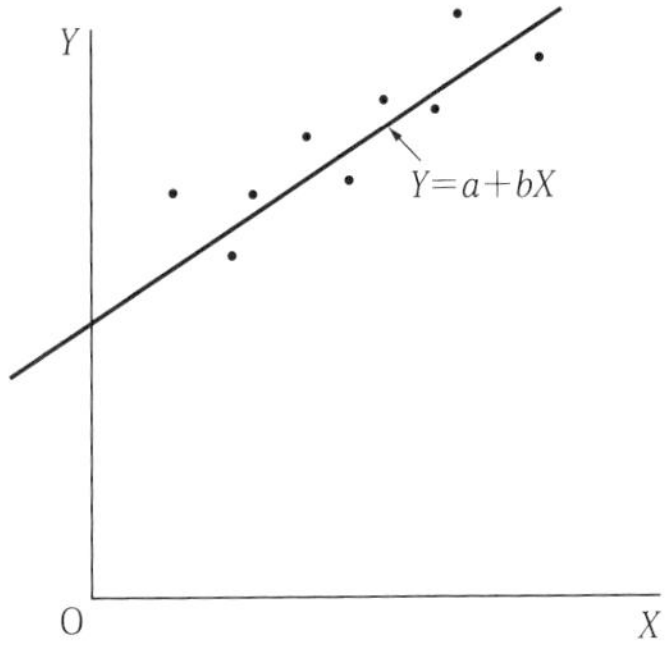

ここまでは人の背の高さで説明したが、同様なことは人の頭の良さや学力によっても説明できる。人間社会では「平均への回帰」は成立していると考えられるが、別の発想をすれば、次のような考え方をする人がいるかもしれない。それは背の高い両親、あるいは頭の良い両親の下では、背が高いとか頭が良い子どもの生まれる確率は高いとなる。
人間の体格（背の高さ）や知能（頭の良さ）を高めることを重要な政策と考える人がいれば、体格のよい男女、あるいは知能の秀でた男女の結婚が好ましいと

主張するかもしれない。

これが優生学の発想の原点であると解説すれば、直感としてわかりやすいのではないだろうか。既に述べた積極的な優生学である。もとより体格や知能の劣る男女の結婚を勧めない考え方もありうるが、これは消極的な優生学の教えである。


ゴールトンは、中年になる頃までは統計学を主として研究したのであり、優生学はむしろ高年になってからの取り組みであった。

1904年にロンドン大学のユニバーシティ・カレッジに研究室を設け、1907年には彼の遺産で優生学と統計学の教授職を寄贈した。初代教授であった弟子のカール・ピアソンは、相関係数などを提唱した統計学者として有名であるし、優生学の発展にも寄与した。

ゴールトンとピアソンは、生物統計学の学術誌『バイオメトリカ』を1901年に創刊している。統計学を学んだ筆者としては、この学術誌はなつかしさを感じる学術誌であり、改めて優生学的な生物学と統計学が同時に進行したことがわかるし、遺伝現象は優れた統計学の応用なのであるということがわかる。

ゴールトンの優生学をまとめておこう。

彼の主張は1869年の『遺伝的天才』に凝縮されている。すなわち、人の才能は遺伝によって継承されるのであるから、人為的な選択の連続によって高い才能を持つ人を生むようにしたい。それは賢明な結婚（優秀な男女の結婚）の連続によってなせることなのである。まさに積極的優生学の提唱とみなしたい。

一方で、世の中をみれば貧困層の夫婦の方に出生率が高いことに注目して、不幸なことに、これらの夫婦は身体的にハンディがあったり、そう優秀な才能を持っていないのであるから、これを放置しておけば世の中には凡庸な人が多く存在することになるという警告を発したのである。

最後に述べたことが、イギリスという現実の世界で導入されたと米本他（2000）で紹介されている。すなわち、精神障害を持つ女性の出生数の多いことが1908年の「王立精神遅滞保護抑制委員会」で報告された。

普通の女性は、平均4人の子どもを生むのに対して、劣悪家族の女性は7・3人の子どもを生むと報告されたのである。精神病の女性の強制収容や性交渉からの隔離といった、人権無視との批判を受けかねない精神病法が、1913年に成立したのであった。

そのときに力を発揮したのが、優生教育協会という組織である。優生学の研究と学会活動、社会啓蒙運動を行ったのである。なんと経済学で有名なJ・M・ケインズや社会主義者のH・ラスキなども会員であった。

橘木（2017b）では、イギリスが福祉国家になるための報告書として有名な『ベヴァリッジ報告』の執筆者であるベヴァリッジも、第二次世界大戦中に優生学の信奉者だったことを述べている。さらに橘木（2017b）ではフェビアン社会主義者のウェッヴ夫妻も優生学に親和性を感じていたことを述べている。

ここで列挙したイギリス知識人の名前は、どちらかといえば保守派の人々ではなく、リベラル派ないし社会主義者である。優生学はナチス・ドイツによる支持が有名なので、右派ないし保守派の支持者に多そうだと思われがちだが、リベラルな人にも多いので、政治思想との関連性は薄いと理解した方がよい。

白人優位のアメリカで行われた断種法と移民禁止法

優生学はイギリスで勃興したが、これを現実の世界に応用したのはイギリスではなくアメリカが最初であった。アメリカでの優生学は消極的優生学がほとんどである。なぜかといえば二つの理由がある。

第1に、19世紀のアメリカでは、飲酒過多や薬物による犯罪者や精神病者の急増がみられたのであり、そのような人の子どもをなるべく社会で持たない方がよいとの気風が高まった。

第2に、よく知られているように、アメリカは移民の国であり、複雑な人種構成を形成していた。ヨーロッパからの移民を中心とした白人が中心のアメリカ社会では、白人の人種的優越意識が作用して、積極的優生学の適用を図る運動があった。この白人、特にアングロ・サクソンの優越意識によって、他の人種、例えば南欧や東欧からの移民、あるいは非白人の移民を抑制する政策が採用されたのが、19世紀と20世紀の前半であった。これは積極的優生学の援用である。

とはいえ、ここで述べた二つのうち、第1の方がはるかに大々的に実行されたし、意味深い事実であることを強調したい。

それは犯罪者、梅毒患者、精神病患者、身体的・知的ハンディキャップを持つ者、などを対象とした断種法によって象徴される。

1907年には、世界で最初の法律がインディアナ州で成立した。断種法が合衆国憲法に違反するのではないか、という論議もあったが結局、合憲と判断され、その後、32州で断種法が成立した。「断種国アメリカ」が定着し、1936年のカリフォルニア州では、累計で1万1484件に達したほどの多数であった。断種の具体策として、男性には輸精管、女性では輸卵管を縛ったり切除するという方法が採用された。

悪名高いナチス・ドイツの優生政策

優生学に関してもっとも悪名高い実施例は、第二次世界大戦前と戦中におけるドイツのナチスによるものであろう。ドイツの例はあまりにも有名なので、記述をミニマムに抑制する。ここでは米本他（2000）を参考にした。

ドイツは第一次世界大戦の敗戦によって国力は大いに落ちたが、その後、ワイマール共和国において社会民主主義による福祉国家を目指したし、経済の復活を成功させたのである。そして、そのために人口の増加や医療の発展ということが目標とされた。さらに、人口増加策に加えて、人々の資質をも高めなければ経済は強くならないという認識の下に、優生学的な考え方が社会に根づく素地が生まれたのである。

具体的には、性病患者、精神病患者やアルコール・薬物の中毒患者などが子どもを持つと、劣悪な人間の誕生がありうるので、優秀な人が増加しないことにつながり、それらが恐れられた。これこそが、消極的優生学がワイマール時代に強くなる原因であり、優生学的不妊手術をドイツで導入すべきとの声が強くなったのである。

もう一つドイツに特徴的なことは、当時、ドイツは世界の中で医学がもっとも発展していたことを忘れてはならない。コッホなどで代表される細菌学の発展が19世紀後半にみられ、コレラ、チフス、結核などの伝染病から人々の生命を助けることに成功していたのであり、ドイツの医学は最先端にあった。これは病気の原因解明、外科医術の進歩や新薬の開発をもたらしたということで確認できる。

このドイツにおける医学の進歩が、優生学の発展を促すようになるのは自然である。すなわち、人々の病歴を記録として詳しく残し、検査技術の開発・治療も大切であるが、未然に虚弱者の誕生を防ぐといった予防医学的な考え方の浸透がみられた。先ほども述べたが、知的・精神的な弱者、性病・アルコール・薬物による患者同士の結婚や出産を控えるべきとの声を、医学が間接的に支持する時代になっていた。

これら、社会における弱者排除の思想の台頭、医学の進歩などが優生政策の導入を促したのである。

具体的にどのような政策が導入されたかといえば、第1に、1920年の戸籍法の改正である。様々な病歴を持つ人の結婚禁止策はさすがに導入されなかったが、病歴記録証を男女が結婚前に交わすことが奨励された。さらに性病を持っていると知りながらの性交渉には、罰則が科された。

第2に、もっとも強烈な優生政策は、1933年にドイツで初めて断種法「遺伝病子孫予防法」が導入されたことだろう。ドイツでは、これの制定に至る前に断種法がいくつか提案されたが、社会的抵抗があってなかなか制定されなかった。しかし、1933年になぜ導入に至ったかといえば、次の事情が大きい。

まずは、政権がワイマール時代からヒトラーによるナチス党の時代に入って、民主政治というよりも、一党独裁による国家主義・全体主義の時代となり、比較的容易に政府の考える法律が制定されたのである。

もう一つの事情は、世界を見渡せばアメリカにおいて世界初の断種法が既に制定されていたので、この影響力も無視できない。すなわち、ナチス・ドイツという強制力の強い政権運営の時代にあったことと、世界の傾向として断種法などの消極的優生政策を支持する雰囲気が高まったことによるのだ。

具体的に、ドイツでどのような断種法が導入されたかといえば、精神病者、強度のアルコール・薬物中毒者、知的障害者、遺伝病を持つ者などが対象であった。断種を実施するには、原則、本人の同意が必要であったが、ここで述べた患者には本人の意思を明確に調べることが不可能とみなされて、かなりの割合で強制的になされたとされる。

最後に、悪名高いナチス・ドイツによるユダヤ人を中心にした人種差別政策と優生政策の関係を論じておこう。

よく知られているように、ナチスはユダヤ人の絶滅を図って、ホロコーストと称される大虐殺を実行した。いわば特定の人種の抹殺を図ったのであり、これは優生政策の一種とみなしてよいかどうかが論点ではある。米本他（2000）では優生学と人種主義は別物とみなすべきと主張しているが、筆者は優生学は積極的優生学寄りに立つと、両者は結びつきの程度が高いと判断している。

積極的優生学は優れた品種の生物、人間を多くつくるために遺伝学の立場から諸々の政策を考えたのであり、ナチスがゲルマン民族の優位性を確保・増強するために、まずはゲルマン民族とユダヤ民族との結婚を排除する政策を、ホロコーストの前に導入していた事実を重視したい。

ゲルマン民族は、白い肌、長身、金髪、碧眼《へきがん》、キリスト教（特にプロテスタント）を基礎にした優秀な人種との自負があり、あえてユダヤ民族を劣等で差別すべき人種として扱ってきた長い歴史がある。

しかし、筆者が強調したいことは、ゲルマン民族はユダヤ民族を決して質の劣る劣等な民族とみなしていたのではなく、むしろドイツ、あるいは人間社会をユダヤ民族が支配するのではないか、という恐れを抱いていたのではないか、という点である。

もとよりキリスト教とユダヤ教は、宗教上で長い歴史的な対立関係にあったので根が深い。しかしG・コクラン、グレゴリー、H・ハーペンディング（2010）が主張するように、アシュケナージ系の白人ユダヤ人のＩＱ（知能指数）は平均で１１２〜１１５であり、ヨーロッパ人の平均ＩＱ１００よりもかなり高く、ゲルマン人はユダヤ人の優秀さを恐れていたと判断できる。

その証拠に、学問の世界、金融の世界、そして実業の世界を中心に、ユダヤ人は社会の指導者として多く活躍していたのであり、ユダヤ人をこのまま社会で放置しておくと、いずれユダヤ社会になってしまうという危惧がゲルマン民族の中にあった、というのが筆者の解釈である。ヒトラーを先頭にしたゲルマン民族の政治家、そして民衆は、ユダヤ人に実権を奪われないように政治の力を借りて、ユダヤ人の廃絶に走ったと解釈できるのではないだろうか。

もとよりゲルマン民族とユダヤ民族、どちらがより優秀であるかを論じることは不可能だし、むしろ危険な話題であるかもしれない。しかし、ゲルマン民族が白い肌、金髪、碧眼、キリスト教を柱にして、自分たちが優れた人種であるという思いを守りたいために、ユダヤ人を排除しようとしたのは、積極的優生学の応用ではないか、ということを改めて主張しておこう。

そして、筆者独自の解釈として、ゲルマン民族はユダヤ民族に乗っ取られる恐れを感じていた、という補足的な理由をつけ加えておこう。

アジアにも広がった優生思想

我々の住む日本の現状と、アジアの中でも、もっとも先端的に優生政策を実施しているシンガポールを簡単に紹介しておこう。

まず日本であれば、戦前の一部に積極的優生学の論者がいて、日本人の資質を向上させるために、欧米人との結婚を勧めるといった極端な主張がみられることもあったが、これは考察に値しない話題なのでこれ以上、言及はしない。

むしろ日本での優生学は、消極的優生学の立場から、知的・精神的にハンディのある人、特にハンセン病の人々を結婚の対象から外すことが企画された点に特色がある。戦前の1940（昭和15）年頃に断種手術の容認を認めた国民優生法などもあったが、当時は「産めよ殖やせよ」という国家的スローガンの下にあったので、出生奨励策との兼ね合いもあって、厳格な優生政策は行われなかったと解釈した方がよい。

むしろ戦後の1948（昭和23）年における「優生保護法」の制定が、日本における優生政策の定着と考えた方がよいだろう。なぜなら断種手術が容認されたし、実施例も存在したからである。この時期の特色として次の二つを指摘しておこう。

第1に、ナチス・ドイツの優生思想は全体主義という右翼からの提唱であったが、日本では共産党や社会党といった左翼も賛成していた。これは、改めて優生思想は、保守か革新か、といった政治イデオロギーとは無関係な性質を有している証拠となりうる。

第2は、戦後の20〜30年間は、人口過多が問題となっていた時期であり、断種といった考え方は人口抑制策からの後押しがあった。これは人工中絶とも関係があり、日本は一昔前は人工中絶が多く実施されたのであり、断種と人工中絶が一体として理解された時期もあった。現代の日本はむしろ出生率の低下に悩んでいるので、優生学と人工中絶は一体として論議されてはいない。

アジアにおいて日本よりも興味深いのはシンガポールである。

この国は、小国ながら経済発展を遂げた国である。その一つの要因として有名なのは、優秀な人を公務員などに積極的に採用したことにあろう。そして、その数を増加させることによって、優秀な人的資源の活用が経済を強くすると信じていたのである。

その象徴が有名なリー・クアンユー首相であり、いかにして優秀な労働力を確保するのかが考案された。一つは優秀な移民の導入である。二つは優秀な遺伝子を持つ人同士の結婚奨励策である。

当然のことながら第2の政策が、積極的優生学の範囲に入る。具体的には、学歴の高い女性が仕事に熱中して、結婚や出産を控える行動に走っている事実を憂慮して、様々な異様とも思える政策（例えば、男女の見合いや大卒女性の子どもへの財政支援策など）をシンガポールが実施したのは有名である。

第2章

能力

――体力、知力、学力、性格……

1　IQ（知能指数）は生まれ持ってのものなのか

人間の能力とは何か

人は〝千差万別〟とか〝十人十色〟とかいわれることがある。前者は人を身体的特徴、才能、性格、趣味など様々な特質に関して、人にはいろいろな人がいて差があることを示す。後者は主として、性格や人格に関していろいろな人のいることを示している。

ここでは能力という言葉を掲げたが、これを頭の良さなどで代表される知的能力に限定せず、むしろ人間全体の様々な個性を意味していると理解してほしい。従って、身体的特徴、才能、性格、趣味など、およそ人間の姿を表すと考えられるすべてに近い特質に関心を示す。

なぜ、能力を分析する必要があるのだろうか。前章で遺伝のことを議論したが、親の保持する能力、特質が子どもに継承されることの意味が、遺伝という現象であった。どれほどの能力が子どもに継承されるのか、例えば頭の良い（悪い）という親の能力は、どの程度子どもに引き継がれるのか、といった関心からである。

もう一つの関心は、数ある能力のうち、身体的能力、容貌、知的才能、性格などの間で、遺伝における親子間の継承の程度に差があるのか、といったことにある。

最後の関心は、人の成功の程度が、それは例えば所得の高さや職業の質などで示されるものであるが、遺伝、能力、教育水準、努力といった変数の与える効果がどれほど異なるか、といった点である。

子どもの知能は親の知能で決まらない

誰もが真っ先に思いつく人間における能力は、知能（頭の良さ）と種々の身体能力であろう。前者に関して、人の知能を扱うことは種々のタブーを秘めた領域であるし、常に論争の的となってきたが、関心の高いテーマなので最初に論じてみよう。

人には頭の良い人、あるいは回転の速い人と、そうでない人のいることは誰もが知っている。小学校や中学校のときに算数や数学の難問をいとも簡単に解く人がいれば、大人になってから科学の分野でノーベル賞を受ける人がいる一方で、学問・勉強に弱い人もいる。

もとより学問・勉強といっても、数理系、人文系、語学系、社会科学系、医学系など多種多様な分野があるので、どれかに強くてどれかに弱い人のいることも事実である。さらに、解析能力、記憶力、創造力などで示されるように、どのような種類の能力に秀でるか劣るかということもある。

もう少し「知能」を定義しておこう。リンダ・ゴットフレッドソン（2000）の定義が普遍的とみなされている。それによると、「知能」とは極めて一般的な能力であって、「推論する」「計画を立てる」「問題を解く」「抽象的に考える」「複雑な考えを理解する」「素早く学ぶ」「経験から学ぶ」といった能力を含んでいる。学問、学力とは異なることに注意されたい。

以上、すべての能力を扱うには大部の書物を必要とするので、ここではごく一般的なこと、あるいはわかりやすいことに限定して、人の知能が歴史上でどう評価されてきたか、そして知能と遺伝の関係を中心に論じてみよう。

人の知能の程度がどれほどなのかを検証したいという希望は、第1章で述べたゴールトンの弟子で、統計学・優生学の専門家であったスピアマンによる「g因子」がスタートである。言葉や数字、あるいは図形解析能力がいかに速いかを示す尺度が「g」だったのである。「g因子」は一般的能力とも称される。その「g」を具体的に計測できるように開発したのが、今でいうＩＱ（知能指数）テストである。

ＩＱ（Intelligence Quotient）を開発した人々のもともとの動機は、知能の高い人が誰であるのかをみつけることよりも、知能の低い人をみつけようとすることにあった。

それは、日頃の学校教育の現場において、勉強についていけない生徒の学力をなんとか高めたいとする動機から、そのための資料を得たいためであった。フランス人の心理学者ビネーとアメリカ・スタンフォード大学のターマンの開発したＩＱが走りであり、アメリカの心理学者ウェクスラーの考案した指数が、現今よく用いられるＩＱテストの原型となっている。主として言語と数学、そして空間図形という三つの能力の評価がテストの主要項目である。

ＩＱテストの特色は平均的な能力の持ち主を１００あたりに設定し、それより高い数字の人は優秀な人、低い人は劣る人という想定である。

分布としては、１００を平均として左右対称の正規分布になるように設定され、指数が90～１０９の間に入る人が、総人口のうち50パーセントの人数を占め、１３０以上や69以下という極上と極下の人は、それぞれ２・２パーセントしかいない極めて少数派である。１３０以上の人は天才、69以下の人は知的障害者といわれることもある。なお天才は１５

0以上、知的障害者は59以下という説もある。

日本では小学校入学のごく初期に、このＩＱテストを実施しており、結果を本人に告知する学校と告知しない学校がある。一般には告知していないし、公表もしていない。

アメリカでは、個人のＩＱを匿名ではあるが公表しているので、本人の生まれながらの知能という情報を利用して、知能が教育達成や職業決定に与える効果や、ひいては所得に与える効果などの統計分析を可能にしている。個人の知能の効果を分析することは、アメリカではＩＱを用いて大々的に行われており、世界の最先端の水準を行っている。

では、なぜ日本でＩＱが公表されないのかといえば、人の知的能力を公にして、それの高い人と低い人を公に認知させることは、人道に反するという認識が強いからである。さらに、頭の良い人とそうでない人が教室や社会でまわりの人に周知されると、差別や嫉妬、傲慢やいじめといった好まざる現象の発生する可能性を危惧しているのである。匿名を確保して公表したのなら、日本においてもＩＱを用いて様々な分析が可能になるが、現時点ではそれは不可能である。

ＩＱが、人間の知的能力を表現する真の情報として正しいのか、これを用いて種々の分析を行うのにどれほどの価値があるのか、もとより議論は山のようにあるし、今でも容認論と懐疑論が交錯している。

とはいえ、これに優る指標はいまだ開発されていない。

その理由は、知的能力が既に述べたように複雑多岐の分野にわたるので、ＩＱといった単一のわかりやすい指標にまとめきれないからである。もう一つの理由は、学問や学力といったテストは山ほどあり、これは生まれながらの知能ではなく、学校などで学ぶ教育の効果がかなりある。本来なら、生まれながらの知能と教育の貢献分とを区別して計測すべきであるが、なかなかそうはできないので、生まれながらの知能をどう評価して計測したらよいのか、という問題も関係している。

後に述べるように、人間の性格に関する指標では心理学の発展によって計測法はかなり進歩しているが、知力に関しては好対照である。

「生まれながらの知能」という言葉に注意してほしい。

同一人物に関しては、6歳のときに受けたＩＱテストと、20歳になってから受けたＩＱテストの成績が同じであるべきで、それが生まれながらの知能を知ることのできる理想のＩＱテストとみなせる。とはいえ、20歳までに受けた教育の効果が20歳時点でのＩＱに出現しているかもしれないので、ことは複雑である。

なかなか、このような理想型に合致するＩＱテストは作成できないので、非常に若い年齢時のみにＩＱテストを実施しているのである。同一人物に関して歳を取ってからそれを実施しないのは、その後の教育の効果を排除して、子どもの頃の知能こそが本人の生まれながらの知能と解釈できるからかもしれない。

生まれながらの知能は、10歳になるまでに計測されるべきと仮定しても、10歳になるまでの幼年期にどのような育て方をされたかによって、人々のＩＱは異なるという計測例は多い。ＩＱは遺伝によって決まるのか、育て方（すなわち家庭での環境や幼児教育など）の影響を受けるのか、というのは大きな論点であった。

アメリカでは一卵性双生児（同一遺伝子を保有している確率が高い）と二卵性双生児（その確率は低い）を、それらの幼児を同じ家庭に育てたときと別の家庭で育てたときとの比較実験などをして、ＩＱの遺伝性を検証する試みが多々ある。もちろん一卵性双生児での結果において、より信頼性が高いのは確実である。

リドレー（2004）は様々な研究成果をサーベイ（概観）して次のような一つの結論を述べている。

ＩＱは約50パーセントが遺伝で決まり、25パーセントが共通の環境（つまり同じ育て方をされる）で決まり、残りの25パーセントが個人の独自の環境で決まるとした。ここで育て方、あるいは環境というのは、例えば、家庭に知的雰囲気が漂っているといった点であり、家庭で具体的にどのような教育をしているかという点ではない。ここで述べた共通ないし非共通の環境要因については後に詳しく論じる。

もう一つ興味のある点は、石浦（2007）が紹介していることである。ＩＱの共有率、すなわち似た知能を保有している確率は、親子が50パーセント、兄弟姉妹が50パーセント、祖父母と孫は25パーセント、おじ・おばと甥・姪は25パーセント、いとこは12・5パーセントと報告されている。親族の間において血縁の程度が濃いほど、ＩＱの相関度は高くなるのである。

以上、述べたことを別の視点から解釈すると次のようになる。親子や兄弟姉妹が知能を共有する可能性は高い。すなわち知能の高さや低さは似ているが、決して１００パーセントではないので、親子の間、あるいは兄弟姉妹の間で、知能水準の異なるケースが無視できないほど存在するということを意味している。

「鳶が鷹を生んだ」という言葉があるように、凡庸な親から優秀な子どもの生まれることがあるし、その逆もありうることは、皆の知るところである。親の知能で子どもの知能が決まる社会であれば、親の素質が子どもの素質を決めてしまい、人間社会にとっては魅力ないこと確実である。

IQに関する二つの論争、人種による格差の真実

IQ（知能指数）に関して二つの研究成果がアメリカで出版され、大論争になったことがある。これらを簡単に追って、何が問題となったかを知っておこう。

まずは、アーサー・ジェンセン著『IQの遺伝と教育』（1969年）である。ジェンセンの学術論文の意味とその後の論争は、専門家としての安藤（1999）に詳しいのでそれに準拠する。

1950年代から60年代にかけて、欧米諸国において遺伝と環境の間の関係についての研究が盛んであった。人間以外の動物に対する実験、そして人間における双生児を対象とした研究がなされ、いろいろなことがわかってきた。

それを一言にまとめれば、次のようになる。人のIQは遺伝で決まる程度が高いが、育てられた家庭の環境による差は無視できないほどの効果がある。さらに、学校教育の効果

は大きく、家庭環境の差を凌ぐほどの影響力があるので、学校教育は重要であるとの理解が一般的であった。

そこに登場したのがジェンセンであった。「ＩＱと学業成績をどの程度引き上げることが可能か」が主たる関心である。ジェンセンはＩＱを遺伝要因と環境要因、そしてそれらの交差要因に分解して、その貢献度を計測した。統計的にはＩＱの分散をそれらの諸変数の分散に分解して、相対的な貢献度を計算した様々な研究をサーベイ（概観）して、一つの結論を主張したのである。

その結論とは三つある。

第1に、ＩＱの遺伝率は大まかにいって80パーセント程度の大きさであり、環境や子育てなどで説明できる割合はかなり小さい。これは前の章で述べた「遺伝子決定論」がＩＱの世界でも妥当すると述べているのと似ている。

第2に、集団内の遺伝規定性と集団間の遺伝規定性に関心を寄せて、集団を人種における白人と黒人に区別すれば、白人のＩＱの方が黒人のそれよりも高い可能性のあることを示したのである。さらにアジア系人種のＩＱは高く、白人の中でもヒスパニック系は低い、ということも暗示した。

第3に、アメリカでは貧困層（黒人層が多い）の子どもに対して、学校に入学する前の幼児の頃から教育を施して、これらの子どものハンディキャップを補う策が導入されていた。それをヘッドスタート計画と称するが、もし黒人やヒスパニックの子どものIQが白人のそれより低いのであれば、ヘッドスタート計画は無駄な投資かもしれない、との含意があった。なおヘッドスタート計画に関する詳しい評価は橘木（2017a）を参照されたい。

次に、心理学者のハーンスタインと政治学者のマレイによる著書『ベルカーブ――アメリカ生活における知能と階級構造』（1994年）である。この著作は次の四つを主張した。

第1に、人のIQは左右対称の鐘型の形をした「正規分布」に従っていること。そして知能の高い人は高い教育を受け、いい職に就いていて所得も高い。一方で知能の低い人の教育、職業、所得の低いことを示したのである。

第2に、人種の影響力を排除するために、標本を白人だけに限定して、IQや社会経済的地位（教育や職業）と、所得（富裕か貧困か）との関係を調べてみると、次のことがわかった。すなわち、社会経済的地位の低い人が貧困になる確率は確かに高いのではあるが、IQの低い人が貧困になる確率の方がはるかに高いと主張した。

人々の成功・不成功を決める第一義的な影響力を持つのは、生まれながらの知能、ないし能力であるとの主張と同義なので、これは「遺伝子決定論」を支持する主張とみなしてよい。

第3に、白人だけに限定せず、白人、アジア系、黒人という種々の人種を含んだすべてのアメリカ人を対象とした標本を用いて、IQテストを行うと、次のような事実がわかった。すなわち、アジア人、白人、黒人の順でIQが高く、白人と黒人の間では白人のIQを100とすると、黒人の平均IQは85となり、両者の間にかなりの知能の差があることになる。

第4に、アメリカでは白人と黒人の間に大学進学率の差がみられるが、これは第2の点との関係から類推されることとして、両人種の間で家庭の所得が異なることが進学率の差を生んでいると解釈されていた。

しかし、IQテストの結果からすると、両人種間に知能の差があることが原因であると類推できる。アメリカの大学では機会平等を達成する目的のため、黒人の大学進学率を意図的に上げる「アファーマティヴ・アクション」という政策など、いろいろな策を講じていることを述べておこう。だが、このような政策で、能力の低い黒人を大学に進学させても、結局は教育の成果が得られない、とハーンスタインらは大胆な主張をしたのである。

この二つの研究成果は、アメリカで大きな批判にさらされた。人種問題はアメリカの恥部なので、社会の関心が高く、遺伝学や教育学という学問的な側面での批判というよりも、人種によってＩＱが異なるのではないかという指摘は、政治的、倫理的な側面からの批判ないし議論を呼び起こしたのである。

日本は人種の同一性が高いので、この問題をどう評価したらよいかには言及しない。

知能は年齢によって変化する

本来の理想型たるＩＱ（知能指数）は、生まれながらの能力を表す指標なので、幼児期、若年期、中年期、高年期といった年齢の違いによって、同一人物に関してＩＱの値が異なっていないのが望ましい。

換言すれば、勉強・教育や訓練を施すことによって、ＩＱの変化はみられないのが理想である。しかし、知能を計測するいくつかの研究例、特に双子を標本とした研究によると、年齢を重ねると遺伝子の影響が高まるという例が多い。

具体的に述べると、ＩＱのばらつきに対する「共通環境」すなわち「育ち」の貢献度は、20歳未満の人でおよそ40パーセントだが、年齢が高くなると、その数字が急激に減少する。

一方、ＩＱのばらつきに対する遺伝子の貢献度は、幼児では20パーセントのところを、少年・少女では40パーセント、大人では60パーセントを超え、中年を過ぎると80パーセントの高さにまで達する、とリドレー（2004）に指摘されている。

これは、ＩＱは若い年代では育て方によって影響を受けるが、歳を取るとその影響は小さくなる。そして逆に、遺伝子の効果が強くなる。年齢を重ねれば重ねるほど、遺伝子による知能の効果が顕著に出現するというものである。一昔前であれば、遺伝子は早い年代で出現し、そのあとで環境の影響が生じると信じられていたので、新しい見方の提供であった。

遺伝（生まれつきの能力）か、環境（育て方や教育）かという論点は、環境の章（第3章）で詳しく論じることにする。ここではその導入部分のみを述べてみた。

一つだけ留意すべき点を書いておこう。我々は人間が歳を重ねると学校教育や訓練の効果によって、学力ないし学問の水準が高くなることをよく知っている。本来ならば、学力とＩＱは別概念のものだが、よく混同して同一視されることがあるので留意したい点である。

時代の経過とともに上がっていくＩＱ

人間のＩＱ（知能指数）の歴史の約１００年間を振り返ると、徐々にではあるが上昇している。具体的にいえば、祖父母の時代、父母の時代、子どもの時代、そして将来の孫の世代と、世代が若くなるごとにＩＱテストのスコアが上昇しているのである。

これを専門家の世界では、「フリン効果」と呼んでいる。これはジェームス・フリン（2013）が見つけたので、そう呼ばれている。

具体的には、ＩＱは10年経過するごとに3点以上の割合で着実に上昇していることを示した。それには、いろいろな原因が考えられる。

第1に、ＩＱテストが普及するにつれて、人々は解答の術に慣れるようになり、知能の上昇というよりも得点の術を会得したとの解釈がある。人間誰しも何度かテストを受けると解き方に慣れるだろうし、過去に受けた問題と同じものに接したら、手早く正解を書けることがあるだろうから、この第１の点はありうる解釈である。

しかし、専門家の間では、この解釈はあるとしても、非常に小さい効果にすぎないとされている。ＩＱテストは、このような慣れを排除する問題を作成しているし、常に平均を１００の得点になるように作成しているので、慣れの効果を無視してよい。

第2に、ここ１００年の間に戦争中を除いて、経済成長率はかなり高く、国民所得の伸びはかなり大きい。所得の伸びは人々の栄養摂取量の向上に寄与するので、赤ちゃんが母親の子宮の中にいる胎児の段階で栄養分が豊富に与えられることになり、胎児の脳の発達にとって好都合である。

出産後においても豊富な栄養が幼児に与えられるので、同じく脳の発達に寄与する。そういえば、何百年、何千年前、あるいは何万年前の人間の脳の重さと、現代の人間の脳の重さを比較すると、かなり重量が増加していると報告されていることも、世代が進むと人間の知能が上昇するという証拠になる。以上をまとめると栄養が向上したことによる効果である。

第3に指摘されている原因は、この１００年の間に各国、特に先進諸国においては、子どもの小学校通学率は高まったし、中等教育や高等教育への進学率が高くなった。人々が学校で学ぶ年数が増加したので、学力の向上がみられ、これが知能テストのスコアを上げたに違いないとの説である。これは第3章で詳しく検討することであるが、学力の向上と知能テストのスコアは別個に論じられるべき性質のものなので、学校に通う人の数の効果を過大視してはならない。

第4に、ニスベット（2010）の主張するように、幼児の段階で子どもが親から絵本を読んでもらったり、あるいは数を教えられることが多くなったことが、幼児の言語能力、論理（数学）、絵画能力などを上げるのに貢献するようになった。これらはＩＱテストのスコアを上げるのに役立つこと必至なので、結果として現実に子どもや孫の世代のＩＱを上げることにつながったのである。

これは真に子どもや孫の知能を上げた、と解釈してよいのか、疑問は残る。単にＩＱテストにうまく対応できる術を学んだにすぎない、との解釈も可能である。しかし幼児期に絵本に親しみ、数学や算数、あるいは絵画や図形に接することによって、思考能力が高まるようになったと評価できる側面もあるので、これが人々の知能の向上に貢献したと解釈できる。幼児教育の効果については、第3章で詳しく検討する。

第5に、第4の点と関連することであるが、特に最近になって幼児や子どもはテレビや漫画に親しむ機会が増加したので、視覚的に図形の認識を得意とするようになった。絵画や図形を多く用いるＩＱテストのスコアを上げるのに役立ったのである。この第5の点も第4の点と同様に、真に人の知能を高めたのかどうか、多少の疑問は残るが、幼児期の生活環境が、人々の知能を少なくとも表面的には高めることにつながったと解釈しておこう。

以上をまとめると、時代が進む、すなわち世代が若くなるに応じてIQテストのスコアは上昇しているが、それはテストを受ける人の技能が上昇したことに原因の多くがある。しかし、栄養摂取量が優良になり、世代交代によって知能が高まるという事実も否定できない。従って、人間の世代が若くなると知能が高くなるという事実は少しではあるが認めてよい。

2　知能以外の能力の特性をみてみよう

運動能力の継承はどれほどなされるか

人間において、親子間で遺伝があるのではないかと思われる事象は、知能以外にも多くである。身長、体重、走る・投げる・飛ぶ・泳ぐといった様々な運動能力である。これらの身体的能力に関してごく簡単にまとめておこう。

身長に関しては、橘（2016）が遺伝率は66パーセントという数字を示している。ここで遺伝率という言葉の意味を具体的に知っておこう。これは背の高さの「ばらつき」のうち66パーセントが遺伝で決まるのであり、残り34パーセントが環境なり育て方で決まるということを意味している。背の高い（低い）親の子どもに背の高い（低い）子どもの生まれる確率は66パーセントである、ということを意味しているのではない。

この66パーセントという数字を遺伝による効果が大きいとみなせるのか、それとも小さいのか、これに関しては解釈は微妙である。遺伝がある程度、あるいはかなりの程度、その役割を果たしていると理解してよいのではないだろうか。とはいえ残りの34パーセントも無視できない数字なので、栄養の与え方や子育ての仕方、あるいは子どもへの運動・訓練の与え方などによって、身長に関しては、遺伝だけでは決まらない側面のあることを意味している。なお体重は、遺伝率が74パーセントとされているので、身長よりかは遺伝の果たす役割がやや大きいのである。

運動能力の遺伝については、安藤（2011）にわかりやすい紹介がある。短距離走と長距離走に強い人の遺伝子を検証したオーストラリアにおける研究である。

短距離走に強いためには、ACTN3という遺伝子の遺伝子型がRR型でなければならないとされている。この遺伝子型が一般の人には30パーセント程度しかないのに対して、オリンピック選手を含む短距離走の選手には50パーセントもあったのである。逆に持久力を必要とする長距離走の人には、XX型の遺伝子を持つ選手が多かったのである。短距離走や長距離走に強い人に、特殊な遺伝子が作用していることは、我々のような遺伝子の学術的な面を知らない素人でもわかる研究なので、運動能力には遺伝がかなり重要であるといえそうである。


日本の体操選手に内村航平という人がいる。

世界選手権の個人総合で史上初の6連覇を達成した偉人である。ついでながら、2017年10月に7連覇に失敗した。オリンピックでも2連覇という頭抜けた選手である。彼の父親と母親は体操選手だったので、体操競技に強い遺伝子を両親から継承したことは確実である。

とはいえ両親は、彼の子ども時代から、自身の体操教室で早期教育という訓練を受けさせたし、その後も体育大学に通って本格的に体操の訓練に励んだ。これは内村選手にとって、環境の与え方や教育の仕方が見事であったことの証拠にもなる。

後章で環境や教育のことを詳しく検討するが、遺伝による素質と、環境・教育という両者が相乗効果を発揮することが、とても優れた人を生む条件でありそうだ、と現時点で仮の結論としておこう。

遺伝的な要素が強く現れる音楽の才能

ガードナー（2001）は、人間の知能を次の5種に分類した。（1）言語能力、（2）論理（数学）、（3）空間（絵画・図形など）、（4）運動、（5）音楽、である。これまでに（1）、（2）、（4）は論じてきたので、残るは（3）と（5）である。ここで音楽と美術の能力を考えてみよう。

第1章で音楽家のバッハの家系、絵画家の狩野家の家系を紹介して、音楽や美術の分野においても、遺伝という能力の世代間継承のあることを予想させるに、十分な例を示した。

ところで最近の遺伝学の研究によると、次のようなことがわかっている。すなわち、音楽的な才能における遺伝の効果はそれほどはっきりしていないが、少なくとも絵画の才能における遺伝の効果より、音楽的遺伝の方が強いとのことだ。
音楽に関しては特にリズム感に遺伝的要素が強い。これは、リズム感の優れた人がアフリカ系に多いことによっても実証されており、遺伝の役割の証拠である。

もっとも把握が難しい人の性格をどう測るか

生まれつき人の持っている特性のうち、もっとも把握が困難で、しかも論議の種の一つになるのは、「人の性格」である。人の性格はそれこそ様々であり、その差が人々の行動の違いに影響を及ぼすことは確実である。

ところでなぜ把握が困難かといえば、例えばＩＱ（知能指数）や所得は数値化が可能であるが、性格はそう容易ではない。さらに本人の自己申告なり、いくつかの質問への回答によって性格判断がなされるので、例えば「ウソの得意な人」という性格についての質問への自己申告は信頼できないか、もしくは誤差が多いとみなしてよい。

もっとも心理学者がいろいろ工夫をして、人々の性格を探求する努力を重ねているので、ここではそれらの努力と価値を信じて人の性格を考えてみよう。

20世紀後半になって、「一卵性双生児と二卵性双生児」を用いて、人の性格を決めるという事柄に関しての研究が出る以前は、遺伝か環境・育ちかの論争に関しては、遺伝の役割はさほど重要視されていなかった。

しかし、新しい研究がいくつか出て、特に遺伝子を共有する一卵性双生児が、まったく異なった家庭で育ったケースを検証すると、例えばブーチャード（2004）によると、大人になっても似た性格を有していることが判明したのである。これが意味しているところは、次のようになる。

すなわち、性格のほぼすべての側面において、遺伝が人の性格を決定していることがわかったのである。これは、一卵性双生児が別々の家庭で育ったときに、二卵性双生児よりもはるかに性格の似ていることを、ブーチャード（1999）やクラーク他（2000）を代表として、いくつかの研究で主張したのである。そして人間の性格についても、「遺伝子決定論」が主流となった。

石浦（2007）はその著書の第9章において、出所は不明であるが、世界の中でもっとも重要な性格テストを紹介している。それは人間の性格を次の七つに区別したものである。

① 新奇性追求（好奇心が強いかどうかの傾向）

②　損害回避（神経質であるかどうかの傾向）
③　報酬依存（他人に認められたいかどうかの傾向）
④　持続（粘り強いかどうかの傾向）
⑤　自己志向（自立心があるかの傾向）
⑥　協調性
⑦　自己超越性（神秘的なものに惹かれる傾向）

これら7種類の性格のうち、石浦は①～④には遺伝性の要因が強く、⑤～⑦は環境要因で決まる程度が高いとしている。心理学の世界では、①～④を「気質」と称しており、「気質」はほぼ生まれながらの「性格」と同義と理解してよいと思われる。「気質」以外の性格は、人の育った環境や、どのような人々とつき合ってきたかによって影響を受けるので、後天的に決まる性格とみなしてよいのである。

心理学に注目すると、「ビッグ・ファイヴ」という五つの特質で人の性格を判定している。Tachibanaki・Sakoda（2016）はこれを用いて、人々の幸福度を測定するときに、これらの性格が人々の幸福感形成にどのような影響があるのかを研究した。これら五つの性格は次の通りである。

① 誠実性（conscientiousness）：自己統制力や達成への意志の強さ、そして真面目さや責任感の強さ

② 開放性（openness）：知的好奇心の強さや想像力、あるいは新しいものを受け入れる姿勢

③ 神経症的傾向（neuroticism）：環境やストレスに対する敏感さ、不安や緊張の強さ

④ 外向性（extraversion）：社交性や活動性の強さ

⑤ 協調性（agreeableness）：利他的や共感性、優しさの程度

これらをまとめるために、およそ70項目の質問を被験者に回答してもらって、それらを五つに統合して得点化したものと考えてよい。

具体的な数字によってそれぞれの性格を表現したものから、例えば5段階に区分して、（1）大きく開放的、（2）やや開放的、（3）どちらでもない、（4）やや閉鎖的、（5）大きく閉鎖的、などとした例でわかるだろう。

表2-1　５つの性格変数間における単純相関係数

	誠実性	開放性	神経症的傾向	外向性
誠実性				
開放性	0.5644**			
神経症的傾向	−0.3428**	−0.2305**		
外向性	0.3356**	0.3718**	−0.3817**	
協調性	0.1491**	−0.1409**	−0.266**	−0.1289**

注１：数字は日本人に関するものであるが、原本には米英仏独の4ヶ国の数字も示されている
注２：**は5％水準で有意
出所：T. Tachibanaki and S. Sakoda（2016）

この五つの性格の間で、お互いにどれほどの相関があるのかを日本人に関して計算したので、それを表２－１で示してみよう。

この表でわかる点をいくつかまとめると次のようになる。

第１に、神経症的傾向は他のすべての性格と負の相関があるので、神経が敏感で不安や緊張度の高い人は、他の性格と相容れないことを示している。やさしくいえば、気むずかしい人は、なかなか他の好ましい性格を持ちえないということを示している。

第２に、もっとも正の相関度が高いのは、０・５６４４という誠実性と開放性であり、次いで高いのは０・３７１８という開放性と外向性である。新しいものへの好奇心といった性格は、達成への意志の強さや責任感の強さ、そして社交性などと親和性を持っているということになる。

第３に、すべてが絶対値で０・３以下の数字である性格

は協調性であり、比較的に他の性格と相関性の低い性格ということになる。協調性という性格は他の性格とは独立に評価される性格なのである。

以上、我々の直感と合致する心理学上の定番である「ビッグ・ファイヴ」に関する分析の一部である。

最後に、これら「ビッグ・ファイヴ」が、遺伝との関係でどう評価されているのか、結論だけを述べておこう。これら五つの性格に関して、ばらつきの40パーセント強は遺伝の要因で決まり、共通の環境（主として家族）の影響は10パーセント未満、個人だけが経験する非共有の環境（例えば病気、事故、友人関係など）が25パーセント、残りの25パーセントの推定誤差が観測不能要因に帰される。

共有環境と非共有環境については、後の章で詳しく論じることとして、ここでは人間の性格を決めるのは、それが大半とまではいわないが、遺伝の要素がかなり強く、他の要因と比較するともっとも強い要因ということになる。

第3章

環境

——育てられ方、教育の受け方

1　人生を大きく左右する家庭環境

親の教育、職業、所得が子どもに与える影響とは

「生まれか育ちか」という論争に関して、生まれ（遺伝や能力）に関しては前の2章で詳しく論じたので、この章では育ち、すなわち環境や育て方に関して詳しく考えてみる。

一人の人間は一般的には、結婚している男女の夫婦の下で赤ちゃんとして生まれ、その後、親から独立するまで家庭の中で成長する。

最近においては、離婚が増加しているので、いつまでも同じ父親と母親に育てられるのではなく、離婚した親の再婚による継父や継母の存在、あるいは再婚しなければ、父子家庭、ないし母子家庭で育てられることもある。さらに最近なら、男女が結婚していない下での子ども、あるいは男同士、女同士のカップルの下で特殊な形で生まれ育てられる子どももいるが、ここでは、それらの特殊なケースには注意を払わない。

どういう両親の下での子どもとして育ったのか、もっとも関心の高い変数は親の教育、職業、所得である。

それらはSES（Socio-Economic Status）と称されて、社会経済的地位と理解してよい。親がどれほどの教育を受け、職業はどのようなものか、そして所得はどれほどか、といったことで、別の言葉を用いれば、親の地位を上層、中層、下層といった社会階級で理解してもよい。

もう一つ用いられる指標に、HOME（環境測定のための家庭観察）という変数が開発されている。これは家庭内での育て方に注目して、例えば家庭外での学習経験（博物館や図書館に行くなどの経験である。欧米には学習塾はないのでこれとは異なる）、家庭内での文章経験（親が子どもに本を読んで聞かせる、新聞・雑誌の購読などをしている）、家庭内でスキル（文学、数学、色）などを教える、親が子どもに与える懲罰や（厳しいか温かいかの区別はあるが）しつけ、など様々な家庭内における教育やしつけである。

SESは親の客観的な社会経済上の地位、HOMEは家庭内で親が子どもを具体的にどう育てているかに関する情報なので、両者の意味するところは異なっている。前者は主として経済学、社会学からの関心に基づいて作成されており、後者は主として心理学・教育学・生物学からの関心に基づいて作成されている。

子どもの成長への効果を知るためには、本来ならば両者を考慮すべきであるが、現時点では前者のSESの方がより頻繁に用いられているのは事実である。

SESをもう少し考えてみよう。これは教育、職業、所得の3変数を総合して指数化したものである。

教育は、どの学校の水準（中卒、高卒、大卒、大学院卒）まで進んだかということと、特に最終学歴に関してその学校の名門度、有名度といった質の面とにおける、二つが考慮の対象になっている。職業は、仕事を遂行する上での困難さ、必要な教育や技能の程度、責任の重さなどを考慮したもので、別の言葉で表現すれば「職業のプレスティージ（威信）」である。所得については説明不要であろう。これら3変数を総合したSESの得点が高ければ、親の社会的地位や所得が高いので、子どもの教育や職業の達成や所得額の決定に関して有利に働くと考えるのである。

養子に出された子どもの知能指数

両親のＳＥＳ（社会経済的地位）を基に、ＳＥＳが子どもに与える効果を分析した研究は山ほどある。結論の多くは、かなりの効果ありとなっている。ところが、子どものＩＱ（知能指数）そのものに与える効果に関する分析は、あまりない。

いくつかの貴重な分析をまとめたものとして、ニスベット（2010）によるサーベイ（概観）研究の成果を紹介しておこう。

この研究では、養子縁組で育った人々が、どのような両親の下に生まれたのか、その後、養子となって、どのような家庭に育てられたのかに注目して、それぞれの親のＳＥＳが高いときと低いときとを比較したのである。すなわち、生みの親のＳＥＳと育てられた家庭のＳＥＳとを比較して、その子どものＩＱがどう影響を受けたかが関心である。

結論として次のようなことがわかっている。ＳＥＳの低い家庭（下流階級）に生まれた子どもが養子に出されて、ＳＥＳの高位か中位（すなわち中上流階級）の家庭に育てられたとき、ＩＱは下流階級よりも18ポイントの上にあることがわかったのだ。

これは、下流階級の親から生まれた子どものＩＱは低いと想定できるが、養子に出された先の家庭が中流か上流であれば、ＩＱはかなり高くなる可能性がある、ということを意味している。つまりＩＱに関して、育てられた環境が良ければ、知能そのものが上がる可能性がある、と主張しているのである。

この主張は、「ＩＱは生まれながらの特質なので、いかに育てられようともＩＱは上昇しない」とする遺伝子決定論者に反旗を翻すものである。

すなわち人のＩＱは、遺伝によって決まるという考え方を否定するものであり、家庭環境なりがうまく作用すれば、子どものＩＱを高めることが可能である、という主張につながる。

一卵性双生児と二卵性双生児を異なる二つの環境におく

遺伝か環境かを巡る論争に関して重要な資料を提供するのは、子どもが一組の両親から同時に生まれる双生児についてである。

双生児には、一卵性双生児という受精卵が二つに分かれたケースと、たまたま二つの受精卵から同時に生まれた二卵性双生児の二種類がある。前者は、もともとは一つの精子と卵子の結合した受精卵であるから、たとえそれが分かれて2人の赤ちゃんが生まれたのであっても、同根とみなしてよい。つまり、遺伝的にはもともと同一人物なので、遺伝情報は100パーセント共通である。我々のまわりにいる一卵性双生児が「うり二つ」と呼ばれて、非常に容貌の似ていることからもそれがわかる。

一方、二卵性双生児は、異なった時期に生まれた兄弟姉妹とまったく同じで、異なった精子と卵子の結合なので、遺伝情報は１００パーセント共通ではなく、遺伝子の共有度は50パーセントになる。二卵性双生児と、兄弟姉妹は同じ程度の似た特質を共有している。

これら双生児がどのような環境に育ったかを調べながら、遺伝と環境のどちらがより重要であるかの分析が行われるようになった。

特にアメリカでは、意図的に双子を異なる家庭に分けて育てる実験まで行うことがある。異なる二つの環境を効果的に調べるためである。これに関しては安藤（2011）が包括的な分析を行っているので、ここでもこれを参照する。

異なる二つの環境とは、共有環境と非共有環境である。同じ両親の下で２人が同じ環境に育てられる側面が共有環境という。例えば、食事はまったく同じものを食べるとか、同じ学校に通うとか、父母が子どもを同等に扱うとか、同じものを子どもに与えるとかいったことである。換言すれば、子どもに関して家庭での種々の処遇が同じと感じることを意味している。

たとえ、いっしょの環境にいても、一人一人が別々に存在する環境と感じる場合を、非共有環境という。例えば、食事の好き嫌いがある場合、親は別々の食事を与えるとか、学校も異なる学校に通わせるとか、子どもの特性に合わせて異なる育て方をするかもしれない。スポーツの好きな子どもと音楽の好きな子ども、習い事などの異なる可能性がある。

このような二つの異なる環境に考慮しながら、一卵性と二卵性の双生児を観察して、遺伝と環境の関係を、遺伝学者や心理学者が分析するのである。もっとも価値の高い標本は、一卵性双生児が異なる家庭で育てられる環境（共有と非共有の双方）の下にある場合ということになるが、当然のごとく標本数は限られている。しかし、これら貴重な標本をあえて実験として行っている国や研究者も存在する。

これらにおいて、もっともわかりやすい例は、人間の体重を生まれたときから成人になるまで追跡して、遺伝か環境かを検証するのである。

安藤（2016）がわかりやすい数値を提示している。図3－1がそれであって、一卵性双生児と二卵性双生児の違い、遺伝、共有環境・非共有環境の効果を、人の出生から成人までの体重の変化で示したものである。

図3-1
双生児の体重の類似性の時間的変化

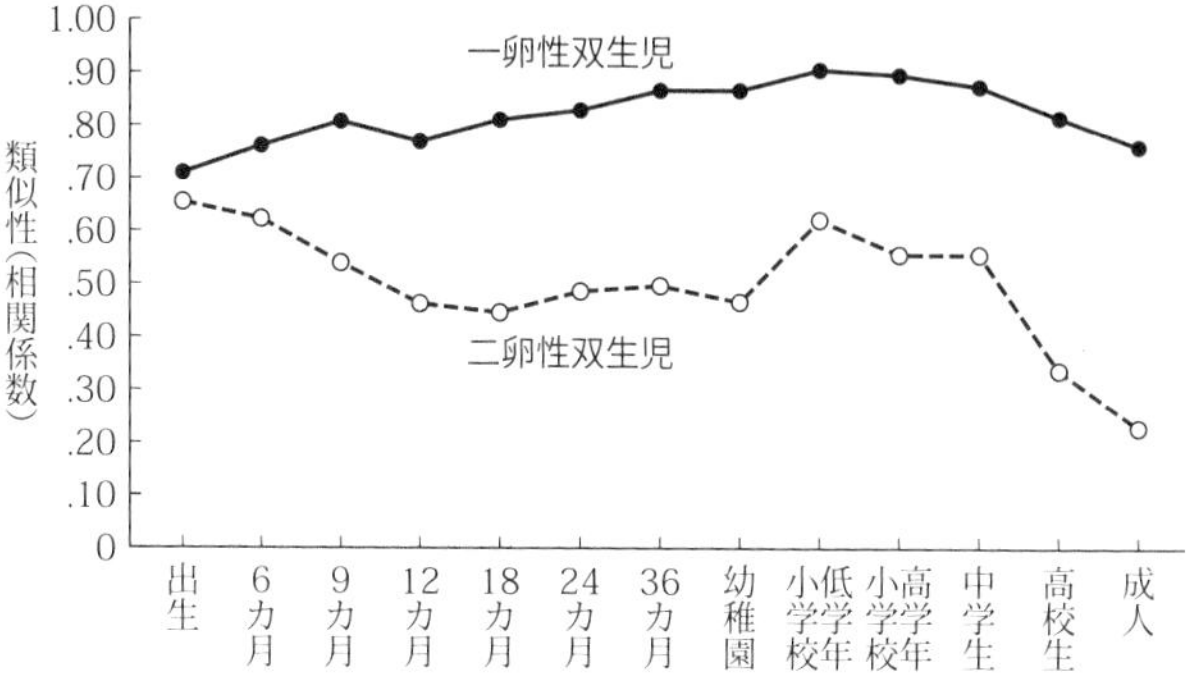

出典：安藤（2016）

双生児の体重に及ぼす遺伝と環境の影響の時間的変化

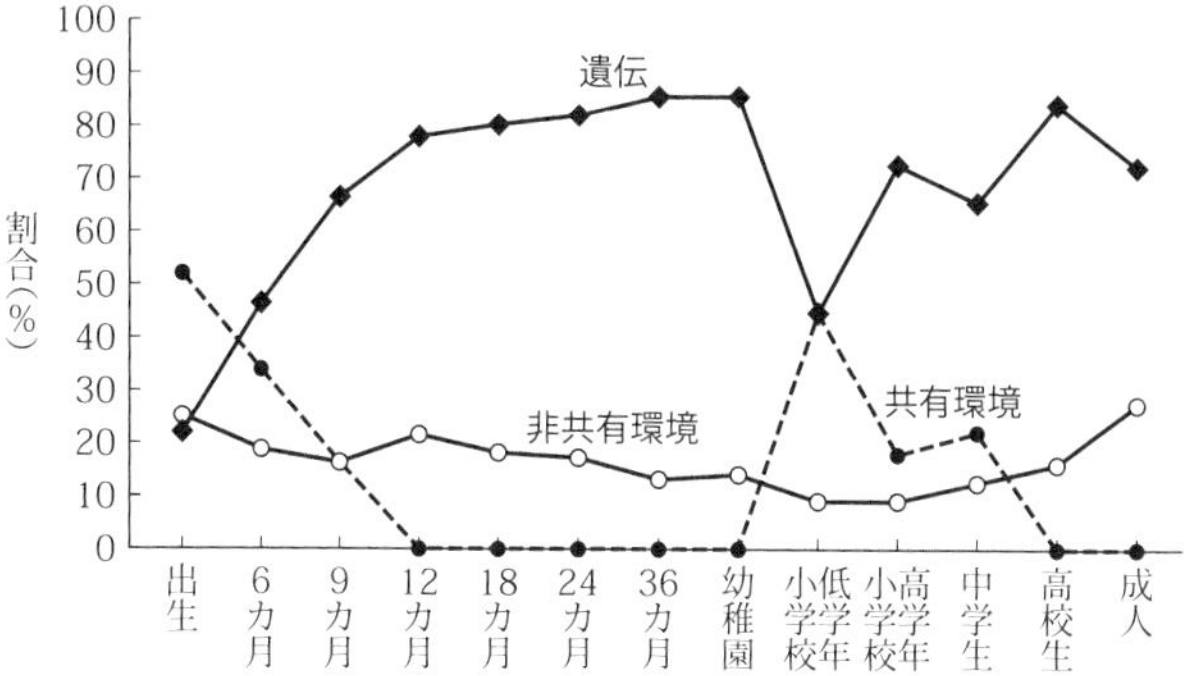

出典：安藤（2016）

前者は、体重の類似性の程度を相関係数で提示し、後者は、体重が遺伝、共有環境、非共有環境の何パーセントで説明されるかを割合で提示している。これらの図でわかったことを箇条書きにしておこう。

1、出生時では、一卵性と二卵性の双生児の差は小さく、遺伝の影響は小さくとどまっている。
2、出生後は一卵性は似る程度が高まる一方で、二卵性ではそれが小さくなる。これは遺伝の効果が、幼児期の終末期まで続く。
3、出生後1年間は共有環境（ここでは出生前の子宮内での環境など）が急激に減少するが、幼児期になると親の提供する食事や生活環境の効果が上昇するに伴って、遺伝の効果は減少する。
4、小学校高学年になると共有環境は小さくなり、再び遺伝の効果が上昇する。特に中学生以降になると、非共有環境の割合が増加の傾向を示す。それは一人一人に固有の生活環境の増加を示すが、その程度はそれほど大きくない。
5、一卵性と二卵性を人生を通じてみると、小学校になると二卵性の類似度は低下して一卵性と二卵性の間で類似度の格差が拡大してくる。これは二卵性における遺伝の効果が一卵性のそれよりも小さくなることを示している。

以上の記述を大胆にまとめると次のようになろうか。体重に関して遺伝の役割はかなり大きい。とはいえ環境の効果も無視できないほど大きく、年齢に応じて共有環境と非共有環境の大きさが交錯している。

ここまでは体重を例にして、遺伝と環境の関係に関して、取っ掛かりとして考えてみた。遺伝は身体的特徴、運動能力、知能、芸術的才能、性格など様々な要素や行動を考えるので、それぞれについては後に詳しく検討するとして、ここでは各要素や各行動にはこだわらず、一般論として遺伝と環境の間にどのようなことがわかっているかを述べたい。

それはタークハイマー（2000）にまとめられるもので、「行動遺伝学の三法則」として学界において広く認知されているので、それをここに記しておこう。

①　遺伝の影響はあらゆる側面でみられる。やや大胆に要約すると、要素や行動のばらつきの30〜50パーセントを遺伝で説明できる。後に示すように、要素や行動によって

は70〜80パーセントを説明するものもある。

② 共有環境の影響はまったくない場合があるか、あったとして意外と小さいときが多い。これは、これまでは家庭環境の影響と思われていたもののうち、数多くの観察によって、実は遺伝の影響であったと判明したことによって、環境の影響が小さくなったという事情もある。

③ 非共有環境の影響にはかなり大きいものがある。これは環境要因を共有と非共有に区分したことによって、新しく非共有環境の効果が出現したという事情もある。もう少し具体的にいえば、双生児を研究対象にしたことによって、非共有環境の影響が鮮明になったし、それを抽出できるようになったのである。

いくら頑張っても追いつけない

生まれながらの知能か、それとも環境や育て方、あるいは教育によって知能は上げられるのか、人々の関心は高い。

この論争に一つの有力な証拠をみせてくれたのは、安藤（2011）の中に紹介された表である。世界中に多くある研究を網羅的にサーベイ（概観）して、安藤なりの平均的な数字として提出しているので、ここで表3－1として引用し、それを用いて解釈してみよう。

この表における認知能力の中で、学業成績以外の4項目は知能とみなしてよい。なお一般知能というのは、言語性知能と空間性知能の合計である。ここでわかることは次のようにまとめられる。

第1に、論理的推論能力（数学的能力）は68パーセントが遺伝で、31パーセントが非共有環境である。

第2に、逆に言語性知能において、遺伝は14パーセントの低さにすぎず、共有環境が58パーセントと大きく、非共有環境が28パーセントとやや大きい。

第3に、空間性知能では、遺伝が70パーセントとかなり高く、非共有環境は29パーセントとやや低い。なおここでの認知能力の数字は、日本人を検査の対象としたものなので、わが国のものと理解してよい。

ここでの数字が直感的に訴えるように、やや誇張を込めて解釈したものを述べてみよう。数学の能力は生まれながらの素質で決まる確率が高く、環境や育て方・教育によって向上する確率は低い。一方、話し方や文章を書く能力は生まれながらの素質は重要でなく、育った環境や学校教育によって向上させられる確率は高い。

		一卵性	二卵性	遺伝	共有環境	非共有環境
精神疾患・発達障害	自閉症（教師評定・男児）	.69	.44	.69	−	.31
	自閉症（教師評定・女児）	.67	.30	.69	−	.31
	自閉症（本人評定・男児）	.52	.42	.36	.18	.46
	自閉症（本人評定・女児）	.45	.26	.47	−	.53
	ADHD	.80	.38	.80	−	.20
	自殺	.06	.02	一致率の報告のみで，遺伝，共有環境，非共有環境の比率は算出されていない。		
	自殺念慮	.23	.17			
	自殺企図	.38	.17			
物質依存	アルコール中毒	.48	.33	.54	.14	.33
	喫煙（男性）	.83	.58	.58	.24	.18
	喫煙（女性）	.79	.53	.54	.25	.21
	コーヒー	.46	.23	.46	−	.54
	大麻（男性）	.77	.70	.44	.31	.24
	大麻（女性）	.75	.54			
	マリファナ	.87	.66	.61	.27	.12
社会的行動	投票行動	.79	.68	.28	.52	.19
	職業満足（内発的）	.29	−.02	.23	−	.77
	職業満足（外発的）	.09	−.01	−	−	1.00
	職業満足（全般）	.19	.01	.16	−	.84
	ボランティア行動（男性）	.12	.04	−	−	1.00
	ボランティア行動（女性）	.24	−.04	.30	−	.70
	反社会性（男性・青年期）	.80	.52	.63	.17	.21
	反社会性（女性・青年期）	.80	.42	.61	.22	.17
	反社会性（男性・成人期）	.57	.26	.29	.15	.56
	反社会性（女性・成人期）	.51	.41	.10	.35	.55
	ギャンブル	.49	.25	.49	−	.51
	時間選好率	.63	.16	.63	−	.37
	友情の満足度	.45	.22	.32	.07	.61
	悪い友達	.58	.30	.47	.11	.42
	良い友達	.42	.32	.26	.14	.59
	性的初体験（女性・児童期性虐待なし）	.68	.52	.39	.30	.31
	性的初体験（女性・児童期性虐待あり）			−	.73	.27
	性的初体験（男性）	.60	.34	.51	.08	.41

注：一卵性と二卵性は類似性の程度を表している。遺伝、共有環境、非共有環境は、そこから算出された、遺伝、共有環境、非共有環境の相対的な割合を示したものである
出所：安藤（2011）

表3-1　様々な心理的・行動的形質の類似性と影響の強さ

		一卵性	二卵性	遺伝	共有環境	非共有環境
認知能力	学業成績	.71	.48	.55	.17	.29
	論理的推論能力	.67	.28	.68	—	.31
	言語性知能	.73	.62	.14	.58	.28
	空間性知能	.69	.28	.70	—	.29
	一般知能	.77	.49	.77	—	.23
パーソナリティ (NEO-PI-R)	神経症傾向	.46	.18	.46	—	.54
	外向性	.49	.12	.46	—	.54
	開放性	.52	.25	.52	—	.48
	調和性	.38	.13	.36	—	.64
	誠実性	.51	.10	.52	—	.48
パーソナリティ (TCI)	新奇性追求	.34	.12	.34	—	.66
	損害回避	.41	.20	.41	—	.59
	報酬依存	.41	.24	.44	—	.56
	固執	.36	.01	.37	—	.63
	自己志向	.49	.30	.49	—	.51
	協調	.44	.30	.47	—	.53
	自己超越	.48	.22	.41	—	.59
才能	音程(DTT)	.79	.46	.80	—	.20
	音楽	.92	.49	.92	—	.08
	美術	.61	.05	.56	—	.44
	執筆	.83	.38	.83	—	.17
	外国語	.72	.48	.50	.23	.27
	チェス	.48	.20	.48	—	.52
	数学	.89	.04	.87	—	.13
	スポーツ	.85	.40	.85	—	.15
	記憶	.59	.24	.56	—	.44
	知識	.65	.20	.62	—	.38
社会的態度	自尊感情	.30	.22	.31	—	.69
	一般的信頼	.36	.09	.36	—	.64
	権威主義的伝統主義	.33	.16	.33	—	.67
性役割	男性性(男性)	.42	.09	.40	—	.60
	女性性(男性)	.24	.24	.39	—	.61
	男性性(女性)	.47	.26	.47	—	.53
	女性性(女性)	.49	.29	.46	—	.54
精神疾患・発達障害	うつ傾向	.36	.27	.40	—	.59
	統合失調症	.48	.17	.81	.11	.08
	自閉症(親評定・男児)	.80	.51	.82	—	.18
	自閉症(親評定・女児)	.87	.59	.87	—	.13

これは、なんとなく人々の感じている印象に合致しているのではないだろうか。例えば、数学の能力の抜群に強い人がいて、自分がいくら頑張って勉強してもその人に追いつけないといった経験を持つ人とか、本を多く読む人や文章を多く書く人は、なんとなく国語や外国語に強い、といった印象を持つ人は多いのではないだろうか。

なお言語性知能は、既に述べたタークハイマーの第2法則を否定する例外となっていることに注意されたい。

学力の遺伝率55パーセントとどう向き合うか

興味ある項目は、学業成績（学力と呼んでもよい）である。厳密にいえば学業成績と知能は別物である。なぜならば知能は生まれながらの能力であり、学業成績は学校で教育を受けた諸科目でのテストの成績だからである。しかし、学業成績と知能は混同して用いられることがある。ここでは原則として別物として理解するが、両者が重なり合っていることも事実である。

学業成績は、遺伝の割合が55パーセント、共有環境が17パーセント、非共有環境が29パーセントと計算されている。

他の4種類の知能では、言語性知能を除いて70パーセント前後という遺伝の役割であり、学業成績が55パーセントと低くなっている。これは次のような意味を含んでいると理解してよいのではないだろうか。

すなわち、いわゆる頭の良い人（知能の高い人）が学校において高い学業成績（学力）を示すのは確実であるが、育った環境やどのような教育を受けたかに、かなり影響される。また、家庭や学校の教育次第によって、学業成績を上げることが可能なのである。しかし、教育が悪ければ逆に学業成績が悪くなることもありうると理解したい。なお家庭や学校での教育に関することは、後に詳しく検討する。

先の表には音楽、美術、数学など細かい科目についての才能も記されているので、それを検討してみよう。合計10科目のうち、遺伝の果たす役割の大きい順に並べてみると次のようになる。

①音楽（92）、②数学（87）、③スポーツ（85）、④執筆（83）、⑤音程（80）、⑥知識（62）、⑦美術と記憶（56）、⑨外国語（50）、⑩チェス（48）となる。当然のことであるが、遺伝で決まる程度が強ければ、逆に環境要因（ここでは主として非共有環境）の影響が弱い順と

なる。
この細かい10科目に関して、遺伝と環境の影響の違いに注目すれば、概して我々の抱く印象に合致するのではないだろうか。音楽、数学、スポーツ、執筆、音程などは割合が80以上なので、生まれながらの才能が重要ではないかと多くの人が感じている。すなわち、環境や教育の効果にはかなりの限定があるとみなせる。

逆に、チェス、外国語、美術、記憶などは、環境や教育・訓練がうまく作用すれば、上達する可能性が高いとみなせる。換言すれば、これらの分野の才能に乏しくとも、環境や教育・訓練が優れていれば上達の可能性があるということになる。しかし、これらの分野であっても遺伝の影響力が50パーセント前後の値なので、環境や教育がいかに優れていても、相当高い水準への上達効果にはやや限りがあるということになる。

以上、述べたことは、生まれながらの能力が非常に優れている人とか、逆に非常に劣っている人に関しては、さほど該当しない。そこそこ優れている（ないし、そこそこ劣っている）とか、やや優れている（ないし、やや劣っている）人を念頭にしている話題と理解してほしい。

非常に、稀に優れて（稀に劣って）いる人に関しては、環境や教育・訓練に特別な準備なり提供があってよい。例えば音楽、数学、スポーツなどに関して非常に優れた才能を持って生まれた人には、特殊で、しかも格別に優れた環境なり教育・訓練を施す場を設けてもよい。逆に非常に劣った（あるいはそこそこの才能しかない）人に関しては、それらの分野で本人が成果を出す必要のないときには、特別な施しは必要ない。

むしろ、これらの人にとって重要なことは、他の分野において少しでも優れた分野がないかを、まわり（家庭や学校において）が必死になって探してあげて、それらをできるだけ向上させる手段を助言してみつけることが重要だと思う。

遺伝や環境のみで人の性格は決まらない

それこそ人間の性格は千差万別なので、ある人のどういう具体的な性格（怒りっぽい、あるいは短気な性格など）が、どれほど遺伝ないし環境によって決まっているかがわかったとしても、他にある無数の具体的な性格（優柔不断でくよくよする性格など）では、遺伝と環境の効果に関してまったく異なっているかもしれない。つまり、人の性格を一般論として、遺伝か環境かを論じることは困難なのである。

とはいえ心理学の発展は目覚ましく、種々の異なる数多い性格を、いくつかの共通性を持った数少ない性格に統一・統合して、わかりやすく理解できるようにしている。その一つが既に述べたビッグ・ファイヴ（誠実性、開放性、神経症的傾向、外向性、協調性）である。第2章においてもこのビッグ・ファイヴに言及してみた。これらに関して、遺伝か環境かの違いを数値化したのが先の表に示されている。ビッグ・ファイヴに加えて、別の試みであるＴＣＩ（気質性格検査）の結果も示してある。

改めて、ビッグ・ファイヴに注目してみよう。もっとも遺伝性の強い性格（すなわち逆に環境の貢献の小さい性格）から順に並べると、開放性と誠実性、神経症的傾向と外向性、協調性となる。

逆にいえば、協調性は環境（非共有環境）の与え方や育て方がよければ、人々を調和性や協調性の高い人に導くことが可能である一方で、開放性や誠実性などは環境（非共有環境）の与え方や育て方が適当であっても、それを向上させるのはそう容易ではない、ということになる。これら両極端の中間にあるのが、神経症的傾向や外向性である。

次はＴＣＩに関することである。それらは全部で7要因に区別されている。もっとも遺伝性の強い性格（逆に環境の貢献の小さい性格）から順に並べると、自己志向、協調、報酬依存、損害回避、自己超越、固執、新奇性追求となる。しかし、すべての数字が０・５以下なので、逆にいえば環境（非共有環境）の貢献がすべて０・５以上なので、環境の方が遺伝より少し効果が大きいということになる。

これをビッグ・ファイヴの結果と比較すると、多少の矛盾のあることに気がつく。例えば、ＴＣＩでは協調は遺伝性が高い水準にあるが、ビッグ・ファイヴでは逆に低い水準にある。これは人の心理、性格に関することなので、調査自体がやや問題を抱えていることによる結果であろう。

しかし、ＴＣＩの項目の中には、新奇性追求、損害回避、報酬依存、固執といったビッグ・ファイヴにはない項目が含まれているので、新しい事実の発見ができている。

ビッグ・ファイヴとＴＣＩの研究成果をまとめて、筆者の得た感想は次の通りである。双方の研究成果からすると、それぞれの個別の性格について、微妙に遺伝効果と環境効果の間に差は生じているが、双方の効果ともに０・４前後から０・６前後の大きさの範囲内にある。

換言すれば、平均の0・5あたりを多少上まわるか、下まわるかの違いにすぎない。これを解釈すれば、それぞれ個別の性格に関して、遺伝と環境の要因が、非常におおまかにいえば、半々の影響力にあるといえる。

すなわち遺伝（ないし環境）の影響力が、環境（ないし遺伝）を圧倒するような性格の種類は存在していない。非常に細かい種類の性格に関してならともかく、人の性格の多くを一般論として論じると、遺伝の果たす役割と環境（育て方）の役割はそれぞれが半々に近い影響力とみなしてよい。これは、遺伝ないし環境だけで決まる性格は存在しないので、それを念頭において子どもの育て方、教育の仕方を考えればよい。

つまり、性格を100パーセント変えようとすることは、遺伝の効果が必ず存在するので、不可能と考えるべきである。親（自分自身）の性格の特徴を十分に考慮して、特に親の持つ優れた点の遺伝がうまく伝授されるようなことを考えるのが肝要である。

そして親の持つ劣った点は、できるだけ子どもによい環境を与え、そしてよいしつけなり教育を施して、遺伝が伝授されないよう改善できるようにしたい。しかし、この改善策も100パーセント作用するとは考えずに、ある程度の作用に期待して、よい性格に少しでも変えることができれば、「御の字」と考えるべきであろう。

２　子育て、教育、そして学校間格差

生まれる前から既にはじまっている

人、あるいは動物の誕生は、精子と卵子の受精卵が女性ないしメスの子宮内で細胞分裂を重ねて、胎児として成長する。そして、のちに生命が誕生するのである。

生命の誕生をいつの段階（例えば、受精卵のとき、胎児のとき、出産のとき）とみなすのかは、生物学、宗教学、倫理学において論争の的であるが、ここではそれには踏み込まない。むしろ、子宮内に胎児としている期間における環境と成長に注目して、この期間の役割を論じる。換言すれば、出生前の胎児期における環境の効果である。

リドレー（2004）によれば、初期に、この効果に気づいて分析したのは、イギリスの医師デーヴィット・バーカーであった。

１９１１年から３０年までに生まれた５６００名以上の死因を調べると、誕生時と１歳のときに体重の軽かった人は、虚血性の心臓病で死亡する確率が、体重の重かった人より

も約3倍の高さだったのである。バーカーは、1934年から44年に生まれたフィンランド人に関しても、誕生時や1歳までの体重の軽かった人が、冠動脈性の心臓病で死亡する割合の高いことを発見したのであった。

これらの事実は、生まれたときの体重は胎児のときに吸収する栄養の量に左右されるので、妊娠中の母親の栄養摂取状態に依存することを意味している。

そういえば、わが国においても太平洋戦争中やその直後に生まれた子どもは、身長が低く体重も軽い、または病弱、あるいは乳児死亡率が高いとか、未熟児が多い、といったことが報告されている。戦争中やその後の食料不足によって、妊娠中に栄養不足に陥った母親の影響があったことは確実である。

最近になって、妊娠中の女性は喫煙や飲酒を控えようという運動が盛んである。その精神は、煙草は胎児と出生児に神経発達障害をもたらす可能性があるし、アルコールは奇形児を生んだり発達障害の原因になることがあると、医学の世界で証明されているからである。

ここで述べたことは、まさに妊娠中の母親の栄養摂取状況や、喫煙・飲酒の状況が、生まれてくる子どもに与える効果を考慮せねばならない、と示唆している。子どもがどのように育つかは、生まれる前の胎児の段階から既にはじまっているのであり、母親が妊娠中にどのような環境にあるかが決め手なのである。

〝３歳児神話〟と「良妻賢母」論

幼児教育を語るときに最初に思い浮かぶ言葉は〝３歳児神話〟である。これは赤ちゃんとして生まれてから、３歳頃までにどのような養育をするかが、その後の人の成長に決定的な影響を与えるというものである。だからこそ、親は緊密にしかも手塩にかけて育てる必要があると説いたのである。

特に、母親の役割を強調したところに特色があった。いわゆる母性本能を重視する考え方で、起源をたどれば18世紀フランスの思想家ジャン＝ジャック・ルソーによる『エミール』の中で、いかに母親の教育が子どもの成長に貢献するかの主張からはじまった。

動物においてもオスよりもメスの方が子育てに熱心であるとか、子どもも父親よりも母親を慕うといった事実も、３歳児神話の登場を手伝っていた。学問的には、発達心理学においても、幼児の情緒の発達のためには母親が子どもを大切に育てることの重要さを主張したからであった。

日本で不幸だったのは、赤ちゃんの教育のためには母親は家にいて、外で働くことをせずに育児に専念すべし、という主張の根拠に3歳児神話が使われたことであった。これは明治時代から日本を支配してきた「良妻賢母」論の延長線上にあったと理解してよい。しかし、戦後になって自由主義、民主主義、男女平等の思想が次第に定着していくに従って、さらにフェミニズムの台頭もあって「外で働かなくてよい、子育てに専念せよ」という考え方に反発が強くなった。

良妻賢母とは、明治民法における家父長制による家族制度を前提とした上で、家庭にあっては女性はよき妻として夫に仕え、良き母あるいは賢い母として子育てにあたる、という思想である。つまり賢い母、あるいは良き母は、必ずしも子どもの教育に対して母親が全権をもってあたることを意味せず、赤ちゃんのときから大人になるまでの成育に母親が中心となってあたる、ということを示唆している。

教育とは、一般的には子どもが一生懸命に勉学に励み、できるだけ高いレベルの学校(中学から高校へ、あるいは高校から大学へ)、あるいは名門校に入学できるように親が中心となって「子どもの教育にあたる」ということを意味している。しかし、良妻賢母論における賢い母とは、このような意味における学力を中心とした教育ではなく、子どもが道徳心を含めて心身ともに健全に成長するようにと、そしてしっかりした大人になることを期待しているのである。

従って、明治・大正・昭和初期には、母親が子どもに勉強を教えるとか、間接的にでも子どもが高い学力を持つようにといった教育にあたることはさほどなかった。なぜならば、この時代において中等教育、まして高等教育を受ける女性の数は非常に少なく、そもそも子どもに勉強を教えるだけの学力をほとんどの女性は持っていなかったからである。ここで重要なことは、子どもの教育といったとき、当時の母たちには、勉学、あるいは学校で学ぶ勉強などには専心せずに、しつけなどの養育においての役割が期待されたのである。

もっとも、現実に良妻賢母を遂行できる家庭の数は、明治・大正・昭和初期においては、それほど多数派でなかった、ということを認識する必要がある。なぜならば、日本人の精神構造を形成する上で有力な宗教であった儒教は（本来の儒学の教義は、江戸時代の上層エリートによって実践されていた）、武士の階級でもっとも効力を発揮した思想であるし、家父長制もその源泉をたどれば武士階級を中心にして採用されていたからである。

庶民階級である農家、商家、手工業者の間では、良妻賢母を遂行する経済的・心理的な余裕はなかった。農業、商業、工業で生計を立てている家庭では、夫は当然のこと妻も働くことが多かったので、専業主婦でいることが可能であった武士階級とは異なり、その他の階級の妻は時間もお金もないということで、良妻賢母の思想を実行することは困難だったのである。

しかし、次の二つの事情によって、明治後期から大正時代、そして昭和に入って庶民の中でも良妻賢母を実践できる人の数が、そう多くはないが増加していった。

第1に、明治以来の富国強兵、殖産興業の政策が功を奏して、都会を中心にして中流階層が増加したことがある。それは会社のホワイトカラー、官公吏や教員、といった職業の人が増加し、これらの人の比較的高い教育とそれなりの高い俸給は、専業主婦を生むことに貢献した。専業主婦は、良妻賢母を実践できる余裕があるからこそ実現できた。

第2に、明治30年代に、女性の教育水準を高めるために、高等女学校が創設されたことが大きい。産業の振興のため、男子には既に中等教育と高等教育がある程度は発展していたが、政府は女性にも中等教育を施すことの価値を認めるようになった。質の高い労働力としての女性を育てるというよりも、健全な妻なり母親として存在することが可能なように、女性の教育水準を高めようとしたのである。

高等女学校の教育の使命は、牟田（2006）の指摘するように、良妻賢母の担い手としての母親予備軍を生むことにあった。良妻賢母の思想に基づく女子の教育政策が、女性を妻と母の役割に封じ込めることにつながっていったのである。

良妻賢母の思想には、次の二つの貢献があった。

第1に、富国強兵と殖産興業を図る日本において、国家と家族が一体となって、外で働くか兵役に従事する男性を内から支える女性を育成した。

第2に、確かに女性を家に封じ込める効果はあったが、女性が高い教育を受ける時代になったので、女性自身の意識の向上に貢献した。これが戦後のフェミニズムや女性の自立精神の向上につながったのである。

なぜ、母親だけが子どもの教育にあたるのか

「良妻賢母」論と性別役割に対する分担意識の強い下では、家事はあくまでも妻の仕事であったし、スミス（1987）がいうように、さらに橋本（2003）も強調するように、学校教育自体が母親に多くの負担を強要しているという事実があった。

学校は、定時刻に生徒が身だしなみを整えて、学用品、教科書、場合によっては昼食を持って登校するようになっている。この制度に、うまく対応するには、家庭において誰かが子どもの世話をしなければならない。通常、それは母親である場合が多い。さらに日本における受験競争の激化は、子どもが家庭教師や塾による追加的な教育を受ける機会を増大させ、学校以外の教育を受けることへの世話も母親の負担となった。例えば、子どもの塾への送り迎えを多くの母親がしていることを思い起こしてほしい。

「教育ママ」という言葉が、1950年代後半から60年代にかけて、日本でもてはやされた。中学校から高校へ、高校から大学へという上級学校への進学に際して、それも、できるだけ名門校に進学できるようにと、母親が子どもの教育に熱心であることを「教育ママ」と呼んだのである。

その当時、家庭教師や塾は現在ほど普及していなかったので、それらの学校外教育に子どもを託すというよりも、母親自身が子どもの学力向上のために自分で教えるとか、夫をせきたてて子どもの勉強をみてもらうようにもなった。あるいは、子どもに「勉強しなさい」と口すっぱく促す、といったことが行われた。この現状を本田（2004）は「総教育ママ化」と呼んだ。

子どもの学力向上に与える母親の影響とは

日本が貧富の差の大きい〝格差社会〟に入ったのが、１９８０年代から90年代にかけてであった。それとともに教育格差も目立つようになった。子弟に高い教育を受けさせることのできる家庭と、低い教育しか与えられない家庭の両極分化である。

この教育格差の時代に関して、神原（2001）が的確な分析を行っているので、それをみてみよう。教育に対する家族のあり方を４種類に分類することによって、階層化を分析しているのである。

①　典型的な教育をする家族：高学歴・高所得の夫、高学歴・専業主婦からなり、性別役割分担意識が強く、子どもの教育に熱心である。子どもの教育では、金銭的な教育投資と勉強以外の教育支援、ともに可能である。その結果として、子どもの教育達成度も高い。

②　〝脱近代化〟型の教育をする家族：夫婦ともに高学歴・専門技術職、夫婦間の分担・協力を実践し、子どもの教育には投資・支援は、ある程度熱心であるし、子どもの教

育達成度も高い。

③〝新〟性別役割分担型の教育をする家族：夫婦ともに平均的な学歴層の中間層、妻はパート就労が多く、子どもへの教育投資はそこそこであり、教育支援力は弱い。子どもの教育達成は男子は大学まで、女子は短大までというジェンダー差別感がある。

④教育をする意思がある家族：低学歴、低い職業水準の夫婦であり、子どもに教育を施したい意思はあるが、家計所得の低さから（傍点は筆者）十分にそれができない。

この分類で価値ある点は、子どもに対する教育への関与を教育投資と教育支援に区別したことである。前者は学校教育のみならず、塾や家庭教師といった学校外教育への資金の投資を示し、後者は子どもの「しつけ」「人格」や「勉強以外の諸能力（コミュニケーション能力、体力達成、強い意志など）」を高める支援策と理解してよい。現代では、これらを次に述べるように「非認知能力」と称することが多い。

神原（2001）の貢献の一つは、「母親の役割をどう評価してよいのか、母親が働いているときと、働いていないときでは子どもの教育成果はどう異なるのか」ということの分析の必要性を説いたことにある。

その疑問に答えたのが卯月（2004）である。特に、母親の役割による子どもの学力向上が期待できるのは、せいぜい小学生と中学生の前半期までであり、それ以降は学力向上に期待はもてないとの結論であった。

母親の「勤労か非勤労か」に関する効果については、橘木・木村（2008）が分析を行った。その結果を要約すると次のようになる。

母親が外で働いていると、子どもと接する時間が少なくなるので、子どもの学力向上に期待できないと思われがちである。だが、事実は必ずしもそうではなく、働いている母親と働いていない母親が、子どもの学力に与える効果に大差はない。むしろ母親の教育水準の差の影響の方が大きい。最後の点は、母親の遺伝の力が子どもに継承される部分がある、ということになる。

幼児教育の充実がもたらす恵まれた人生

幼児教育の重要性は、非認知能力を高めるのに貢献する、ということに最近の関心がある。ここで非認知能力とは、その人の性格なり精神、あるいは意欲に関する能力を意味し、具体的には忍耐力、自制心、協調性、指導力、計画性、向上心、意欲といったものに代表される。そして、この非認知能力は知的能力（例えばＩＱ）、学力、学歴といった認知能力を高めるのに役立つのみならず、職業生活における働き方と勤労による成果の向上、ひいては高い所得決定にも影響を与えるのである。

では、どのようなことが具体的に非認知能力として例示されているか、中室（2015）から引用しておこう。表３－２はそれを示したものである。

この表は、それぞれの人の性格なり特質を示したものであり、これらの能力が高ければ、あらゆる人間活動の分野において良い成果を出せるだろう、ということを予想させる。しかし現実には、これらすべての特性に優れた性格を持つ人などは存在しないので、どの特性に優れてどの特性に劣るのかを、それぞれの個人に関して、どのような方法を用いて計測するのかが関心の中心となる。この作業は心理学では大々的に研究されている。

非認知能力が幼児の段階でいかに重要であるかを積極的に主張しているのは、ノーベル経済学賞を受賞したヘックマン（2006、2015）であり、中室（2015）に適切な解説がある。

具体的にいえば、幼児教育を充実すれば幼児の非認知能力が高まり、それが将来のその人の学力や学歴そして職業人としての能力を高めて、稼得《かとく》能力をも高めることにつながる。高等教育に投資したときの収益よりも、就学前教育に投資した収益の方が高い、という事

表3-2　非認知能力とは何か

学術的な呼称	一般的な呼称
自己認識(Self-perceptions)	自分に対する自信がある、やり抜く力がある
意欲(Motivation)	やる気がある、意欲的である
忍耐力(Perseverance)	忍耐強い、粘り強い、根気がある、気概がある
自制心(Self-control)	意志力が強い、精神力が強い、自制心がある
メタ認知ストラテジー(Metacognitive strategies)	理解度を把握する、自分の状況を把握する
社会的適性(Social competencies)	リーダーシップがある、社会性がある
回復力と対処能力(Resilience and coping)	すぐに立ち直る、うまく対応する
創造性(Creativity)	創造性に富む、工夫する
性格的な特性(Big 5)	神経質、外向的、好奇心が強い、協調性がある、誠実

出所：Gutman, L. M.& Schoon, I.(2013). The impact of non-cognitive skills on outcomes for young people. Education Endowment Foundation をもとに中室(2015)が作成

実がヘックマンとクルーガー(2003)によって計算されたのである。

図3-2は年齢別に教育投資(経済学では人的資本投資と称する)から得られる金銭的な収益率を示したものであり、年齢の若い時期でもっとも収益率が高く、年齢を重ねることによって収益率が下降していることがわかる。例えば、アメリカで有名な「ペリー幼稚園プログラム」によれば、3歳から4歳にかけての教育投資の社会収益率は、7〜10パーセントの高さに達していると報告されている。

「ペリー幼稚園プログラム」とは、

図3-2　人的資本投資の収益率（概念図）

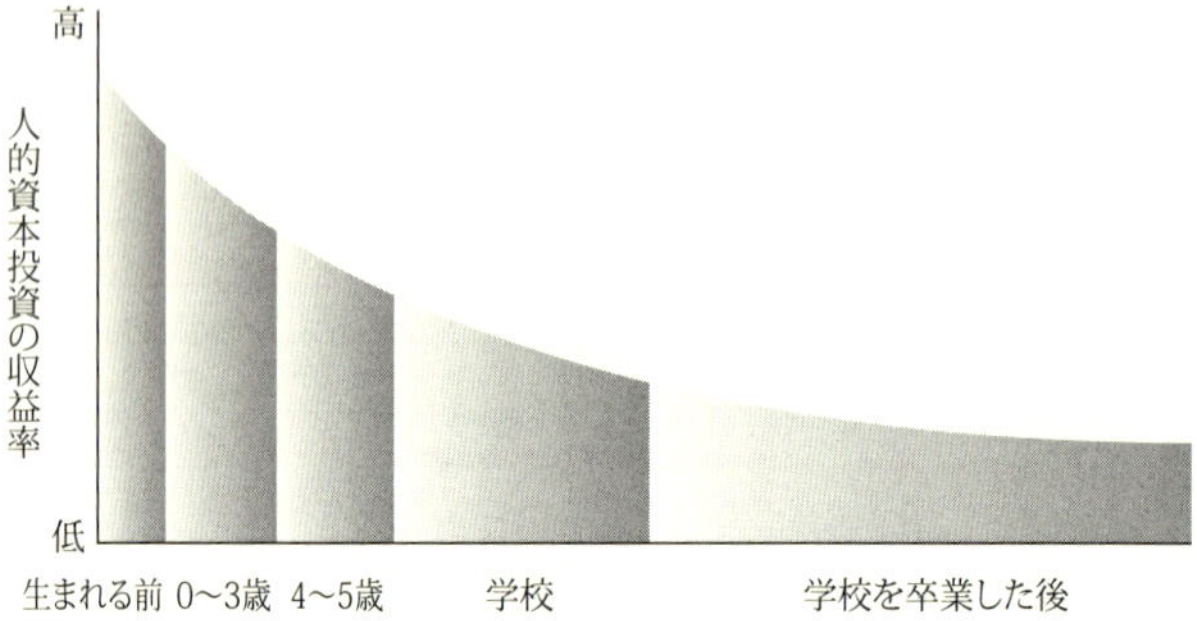

注：1. 縦軸は人的資本投資の収益率を表し、横軸は子どもの年齢を表す
　　2. 生まれる前の人的資本への投資は、母親の健康や栄養などに対しての支出を指す
出所：Heckman, J. J. & Krueger, A.B.(2003) *Inequality in America : What role for human capital policies*. MIT Presss.

アメリカにおいてランダムに選ばれたアフリカ系の貧困家庭の子ども58名の3歳、4歳児に、読み書きや歌唱の訓練を毎日（午前中に）行い、午後は週1度の家庭訪問を行うという教育のことである。一方で、同じ境遇の子どもでありながらプログラムに参加しなかった65名を、その後、40年間も追跡して、どのような人生を送ったかを調査した。

プログラムに参加した人は、参加しなかった人よりも恵まれた人生を送ったということが判明したのである（IQ、学歴、職業、所得、生活保護、犯罪などを調査）。40年間にもわたる追跡調査と、実験の成果は大いに参考になった。今後、日本においてもこのような研究が行われることを期待したい。「ペリー幼稚園プログラム」

に関してはヘックマン（2015）を参照されたい。

幸せな人生を送る保証とは限らないが……

ヘックマンは、この「ペリー幼稚園プログラム」などに立脚して、幼児教育の重要性を説いたが、ヘックマン（2015）に含まれたコメント論文が示唆に富むので、そのうちのいくつかを箇条書きにしておきたい。これらは橘木（2017a）にまとめられたものである。

1、ペリー幼稚園プログラムの実験は標本数が少なく、断定はできないのではないか。実は、このプログラムの精神に沿って、アメリカでは政府が積極的に参加して、１００万人以上もの恵まれない家庭の子ども（就学前）を、無償で保育の場所を提供して学習をさせた「ヘッドスタート計画」がある。これを調査した成果によると、学力が向上したのは小学校に入学した1年度目だけで、その後の成績にはほとんど効果がなかった、という研究がマレー、デミング、アルマゴールで紹介されている。

なお「ヘッドスタート計画」とは、１９６０年代からはじまった政府のプロジェクトで、低所得階級の3歳から4歳の子どもに、アルファベットや数字などを教えた初期幼児教育のことである。２００５年度であれば年間６８００億ドル（１ドル＝１００円換算で68兆円）という巨額を用いて、９００万人の子どもが参加した大規模なプログラムであった。アメリカという機会平等の原則を重視する国民性を反映して、低所得階級の子どもにも平等な教育を施すという一大国家プロジェクトであった。

このプロジェクトの成果に関する論文の数は、６００にも達するという。だが、それら多くの研究によると、それほどの成果は上がっていないという。やや残念なことである。

２、ヘックマンは、幼児教育の担い手として母親の役割を重視しているが、ウェストによる論文には父親を無視してはならないというのがある。筆者も母親のみならず父親も重要と判断しており、このことは後に再述する。

３、ラロー、スウィフトとブリグハウスは論争的なコメントを提供している。それはヘックマンによる就学前教育の重要性の指摘は、中・上流階級の目線からの提言にすぎない、との批判である。すなわち、高い教育を受けて高い収入を稼ぐことが、人生にとって真に大切なことなのか、幸せな人生を送ることにつながるのか、という哲学や倫理学上からの疑問の提示である。

あるいは、これらで成功した人は、時には、傲慢な人物になるかもしれないし、自分たちの権益を守ろうとするばかりに、他の人を排除する行動をとるかもしれないとの発想から生まれたものとみる。換言すれば、白人の中・上流階級の人々の発想に従う必要はない、ということになろうか。

アメリカには、宗教や人種という複雑な問題があるので、一概にこの意見に反対はできないが、筆者自身は人生のスタート時点でハンディのある人々が、できるだけ高い教育を受けて、高い収入を得られる職業に就けることにつながる幼児教育の政策には賛成である。

しかし、それが幸福な人生を送ることを保証するかといえば、そうではないし、逆にたとえ高い収入はなくとも、楽しい家族生活を送れることの方が大切ではないか、と思う人がいてもよい。ラローによる「学業成績や収入は大事だが、人生のすべてではない」というコメント論文のタイトルが、筆者の意向を端的に物語っている。詳しくは橘木（2016b）を参照されたい。

以上、アメリカの幼児教育を中心に考えてきたが、日本はどうであろうか。これについては中室（2015）などの刺激を受けて、ようやく幼児教育や非認知能力の重要性が認識されるようになってきた。橘木（2017a）はそれに続いたものである。

日本の特色といえば、幼児教育への政府支出はほんの少額に過ぎず、大半を親の負担に頼っている現状なので、これからの政策課題である。

本来、ＩＱとは学力の高さではない

学校教育が子どもの認知能力（ＩＱや学力）を高めることとは、一般的に理解されているので、それが現実にどれほど高めているかの研究の歴史は長い。

この話題で留意せねばならないことは、関心の向けられる目標が、ＩＱ（知能指数）か学力かの違いである。前章でも述べたが、ＩＱは、本来の理想型としては生まれながらの知能（頭の良さ）なので、同一人物を幼年期と学校卒業期を比較してＩＱの計測をすれば、それが上昇したとか、あるいは減少したといったことは発生しないのが原則である。

学校教育を受ければ学力はたいてい向上するだろうが、ＩＱは変化しないと考えるのが本来である。学校教育は国語、外国語、数学、理科、社会、あるいは学問一般の知識ないし学識を確実に上げるが、人の頭の良さまでは変えないと考えるのが一般的であろう。ＩＱが幼児期に１００だった人は、学校終了期でも１００であるだろうと考えたいのである。

しかし20世紀前半に開発されたＩＱを用いて、学校教育の効果を分析すると、その当時の研究の多くは、ＩＱも上昇する結果を得ていたのである。これらの結果は、主として欧米における各種の研究成果から得られた結論である。

簡潔に述べれば、学校教育を受けた人のＩＱが、学校教育を受けたことのない人よりも高かったので、学校教育は人のＩＱを高めると信じられてきた。この結果に不思議はない。当時の知能検査、そして現今のかなりにおいても、ＩＱテストは論理（数学）や言語能力、あるいは空間知能（絵画や図形）を試験しているので、小・中学校で算数（数学）や国語を学べば、ＩＱテストの結果がよくなるのは当然と考えてよい。

通常、ＩＱテストは小学校入学時か、それとも小学校入学後の１～２年で受けるので、まだ学校での修学期間がないか、あるいは短い期間しかないため、学校教育によってＩＱの上昇があるとはみなされず、真にその人の生まれつきのＩＱが計測できると考えられる。

学校生活を何年か経てからＩＱテストを受けて、値が上がったとしても、これはその人の生まれつきの知能が上がったのではなく、学力の向上があたかも生まれながらの知能を上げたかのような錯覚を与えている、と理解できなくもないので、ＩＱテストは修学開始前後の数値のみで代表させるべきと考えられる。

あるいは学校教育を受けてから数年後のＩＱの値は、生まれつきの知能というよりも、学力の値ととらえた方がより正確であり、学校生活を何年か経てから再度ＩＱテストを受ける意味はない、と考えるのが正しいのではないだろうか。

現実にも、日本の教育界ではＩＱテストを受けるのは小学校入学のごく初期だけで、その後はＩＱテストを受けないのが慣例となっている。これはまさに、学校教育を数年受けてからＩＱテストを課しても、学校教育による学力の上昇効果がＩＱの上昇に寄与するだけとの考えからだろう。もっとも学力とＩＱは同義とみなす人にとっては、学校教育が人のＩＱを上げることは、むしろ自然である。

以上、やや長々と述べてきたことは、人々、あるいは専門家の間においてもＩＱと学力を同義とみなす人がいるし、本来は意味の異なるものであるが、両者を混同して用いる人がいるのである。

筆者の立場は、小学校入学前後に受けるＩＱテストは、生まれながらの知能、頭の良さを示すものであると判断する。その後に学校教育を受けてから、ＩＱテストを受ける必要はないし、たとえ受けたとしても、それは学力向上の代替値の可能性があるので、ＩＱとみなさない方がよい、というものである。

学校教育は確実に学力を高めた

20世紀初頭、幾何学はまだ大学生と優秀な高校生しか学んでいなかったが、20世紀半ばになると高校1年生でも学ぶようになっていた。現代では、中学の後半から高校の前半で学んでいる。さらに小学校でも、幾何学の初級レベルを学ぶようになっている——。これは、ニスベット（2010）によって示された、アメリカの学校における幾何学の学習時期の例である。

このように時代が進むにつれて、学校で学ぶ学問の水準が高くなっていることがわかる。換言すれば、学校での教育方法が時代が進むにつれてうまくなったので、生徒の学力水準が時代とともに上昇したと理解してよい。すなわち、学校教育の浸透は、生徒の学力を確実に高めることに成功したのである。

幾何学だけではなく、微積分によっても学校教育が確実に生徒の学力を高めた例を知ることができる。

およそ120年前（1900年頃）のアメリカでは、微積分は一部の優秀な大学ですら4年生で初めて学ぶにすぎなかった。当時のアメリカの大学進学率は10パーセントにも達していなかった。やがて、20世紀の半ばになると、ほとんどの大学で微積分を学ぶようになったし、一流の高校でも学ぶようになった。なお、1920年頃の高校進学率は20パーセントにすぎなかった。

日本でも、今では微積分を高校2年生か3年生で普通に学び、エリート校では中学校で学ぶこともある。微積分を学びはじめる年齢が、時代が進むにつれて若年化したことがわかる。幾何学と同様、この微積分の例によっても、学校教育が生徒の学力を高めるのに貢献したと理解できる。

学校教育が生徒、あるいは国民の学力を高めたことを知る例は、他にもみつけられる。代表的な例は、日本における識字率の上昇である。

江戸時代には寺子屋教育がかなり普及していて、江戸時代後期には、庶民においても40〜50パーセントの識字率だったし、明治時代になって小学校が義務教育になると、識字率は90パーセント以上の高さになった。就学率が上がることによる学校教育の効果は、確実に学力を高くするのに貢献したのである。

「ゆとり教育」は何をもたらしたか

21世紀に入る前、日本の生徒の学力は世界の中で最上位の高さにあると信じられていた。しかしその後、それが低下の傾向を示すようになった。いわゆる20～30年前に日本の教育界に導入された「ゆとり教育」が、生徒の学力を低下させたと論争を呼んだ。「ゆとり教育」とは、厳しい受験戦争に立ち向かうべく、生徒・学生が学校生活のほとんどを受験勉強に強いられていた弊害を除くため、水準の高い、しかも内容の濃い教育を緩和した教育制度のことである。

具体的には、学校での勉強時間を削減したり、教科書を薄くしたり、あるいは学問ではない総合学習の導入など、学習指導要領を緩和した。これによって学力低下を招いたことで、大きな論争を巻き起こしたのである。

まず最近の学力の動きを知っておこう。

図３‐３は、ＰＩＳＡ（ＯＥＣＤ〔経済協力開発機構〕による生徒の学習到達度調査）による２０００年から１２年までの日本の中学3年生の平均得点を示したものである（２０１５年の結果も既に知られているが、過去と試験の方法が異なるので図には示さない）。

この図は、数学的リテラシー（能力）、読解力、科学的リテラシー（能力）の三科目から

図3-3　日本の中学３年生の学力

平均得点及び順位の推移

※順位はOECD加盟国中（カッコ内は全参加国・地域中の順位）

※数学的リテラシー、科学的リテラシーは経年比較可能な調査回以降の結果を掲載

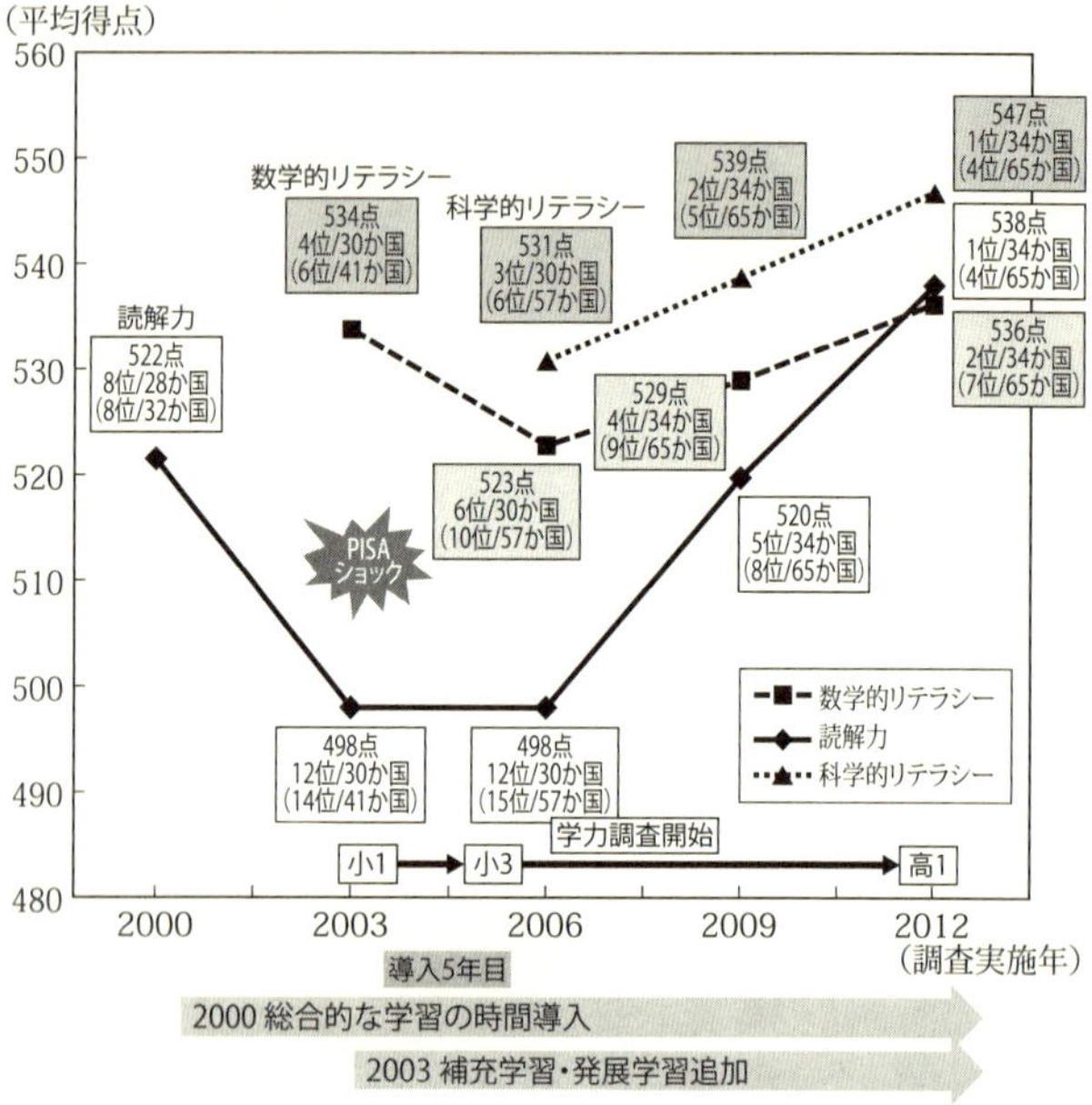

※各リテラシーが中心分野となった回（読解力は2000年、数学的リテラシーは2003年、科学的リテラシーは2006年）のOECD平均500点を基準値として、得点を換算

出所：PISA（2015）、PISAの原本以外の解説は尾崎（2014）を引用

なっている。順位はOECD諸国内（先進国）での順位、カッコ内は全参加国内での順位である。この図によって、もっとも印象的なことは、2000年から06年にかけて学力の低下が数学と読解力でみられたことである。確かに「ゆとり教育」の時期に、生徒の学力の低下が確認できる。なお科学に関する調査は2006年からの導入なので、比較できない。

学力低下が日本で深刻に受けとめられ、「ゆとり教育」の見直し策が20世紀の末から21世紀の初頭にかけて導入された。図によるとそれが功を奏したのか、2006年あたりから学力の向上がみられるようになり、世界でもトップ水準の学力を回復したことがわかる。

もう一つの重要な研究成果は、志水・伊佐・知念・芝野（2014）で与えられる。この研究は、1989年、2001年、2013年と3度にわたり、同じ学校の生徒に同じ問題を解いてもらった学力調査なので、学校の質、生徒の質などがほぼ同一という特性を有している点に、最大の特色がある。従って、3度にわたる学力の調査に比較可能性がかなり高いという利点は大きい（表3－3参照）。

これによると、小学生・中学生ともに、国語と算数（数学）の標本において、1989年から2001年に学力が低下し、それが2013年になると再び高くなっている（ただ

表3-3　得点の変化

（単位：点）

	小学校		中学校	
	国語	算数	国語	数学
	平均（標準偏差）	平均（標準偏差）	平均（標準偏差）	平均（標準偏差）
1989年	75.6（16.4）	79.0（18.5）	69.4（20.3）	68.8（21.5）
2001年	70.3（18.7）	66.6（21.3）	63.8（21.3）	62.6（25.3）
2013年	73.9（15.5）	73.6（19.0）	67.1（19.0）	61.8（22.9）

出所：志水・伊佐・知念・芝野（2014）

し中学校の数学を除いて）ことがわかる。といっても学力が再上昇したとはいえ、まだ1989年の高い水準にまで回復していないのである。

この結果とPISAの結果は、「ゆとり教育」による学力低下、そしてそれの見直しによる学力の回復をどちらも示しているので、最近の日本の生徒の学力の動きは信頼性をもって知ることができる。

そもそも学力は何によって決まるのだろうか。考えられる候補を列挙すると、次のようになる。

①　本人の知能水準
②　本人がどれだけ勉強するのか、すなわち努力
③　学校での教育の質、1学級あたりの生徒数や教師の質、あるいは同級生の勉学態度
④　親の教育熱心さ

⑤　塾、家庭教師などの学校外教育
⑥　受験競争の度合
⑦　学習指導要領
⑧　公共部門の教育費支出

①については既にかなり論じた。他の候補のうち、③を中心に論じてみよう。

1学級あたりの生徒数の規模が学力に与える効果に関する推定を概観してみたい。あらかじめの前提は、生徒数が少なければ学力は上がるとの予想である。教育学専攻者からの推定がいくつかなされている。ちなみにアメリカにおいても教育学の分野での推定結果が多くあるが、それらを展望した山下（2008）によると、学級規模を小さくすると学力を少し上昇させる効果はあるという。

日本における教育学からの研究成果については、二木（2012）で要約されている。杉江（1996）によると、1990年代前半までの研究においては、20～30人規模の学級で生徒の学力向上がみられるので、その規模が最適であるとされている。当時の学級規模が40人を超えていたことを考慮すると、学級規模を縮小することが望ましいと主張したと理解してよい。

2000年以降の研究にも注目したい。国立教育政策研究所や広島大学の教育学者による研究においては、学級規模の縮小は生徒の学力に影響を与えていないと主張した。ただし広島大学の教育学者による研究では、教室規模を小さくすると先生による指導がうまく進むという好ましい効果が得られているとした。

筆者にとって興味のあることは、千葉県のデータを用いた研究例である。学級規模の縮小は、所得の低い家庭が多い地域で、学力向上効果がみられる。塾に通っていない生徒に関して、同じく学力向上効果がみられるということである。

これは、どのような所得の家庭に育ったのか、あるいは塾に通わせることが可能な家庭に育ったか、といったように、子ども・生徒の家庭環境が大きな役割を演じていることを示唆している。

小学校や中学校という義務教育においては、生徒の平均学力の向上と学力の弱い生徒の底上げ（すなわち「落ちこぼれ」を出さない）が最重要の教育目標である。低所得家計の多い地域で育った生徒や、塾に通うことのできない家庭で育った生徒の多い学校では、学級規模を縮小する政策が、生徒の学力を上げるために非常に有効な政策になりうる。塾の効果については橘木（2017a）が詳細な分析を行っている。

低学力で苦しんでいる生徒、それは低所得の家庭に育ったり、塾に行けない家庭に育った生徒の多い学校において顕著なことなので、特別にでもいいから、そのような学校や学級において少人数学級制度にして教育すれば、それらの生徒の学力は高くなると主張しておこう。

学校間格差を考える

これまでは主として初等教育、すなわち小学校、中学校の義務教育に関心を寄せてきたが、日本では高校進学率は95パーセントを超えているし、今では大学進学率も50パーセントを超えている。

本来ならば、これらの学校における教育についても論じるべきであるが、学校間格差が大きいし、義務教育でないだけに、特殊な教育を行っている学校もあるので、包括的な分析には書物を一冊必要とする。ここでは、ほんの一端だけを箇条書きで述べるにとどめる。

第1に、中等・高等教育では公立校のみならず、私立校の存在が重要である。高校では公立と私立で学生数の比で7対3、大学では逆に3対7の比率で圧倒的に私立大学で学ぶ学生が多い。学費で比較すると、高校において私立（1年間におおよそ93万円）が公立（1年間に39万円）のほぼ2倍である。今では公立高校の教育無償化が進んでいるので、学費の負担は軽減されている。なお大阪府では、私立高校での無償化も進んでいる。

大学においては、学部によって学費がかなり異なるが、文科系を例にすれば私立（1年間でおおよそ100万円）が公立（1年間で53万円）のおよそ2倍である。

学校の質に関して一言述べておこう。高校、大学ともに学校の質、例えば入学の難易度や学ぶ生徒・学生の質、あるいは卒業生の進路などで評価すると、ばらつきの程度は私立校の方が公立校よりも大きい。かといって名門校に注目すると、必ずしもそれらは公立校ばかりではなく、私立校にも名門高校、名門大学がかなりある。中等・高等教育の多くを私立校に依存しているため、国家の教育費支出は必然的に低く、教育費負担を家庭に押しつけているのが日本の特色である。

第2に、これら名門高校は、名門大学に卒業生を多く送る進学校が目立っている。それらの中には、中・高6年間の一貫教育を行っている学校が多い。大学においては、日本が学歴社会であると認識されているように、名門大学を卒業することは、その後の職業生活において有利に働いている。しかしその有利さは、社会において能力・実績主義が浸透しつつあるので、徐々に弱くなっている。

第3に、高等学校における問題点は、国語、数学、英語、理科、社会といった科目を学ぶ普通科教育が圧倒的に高い比率を占めている点である。高校卒業後、就職先ですぐに職務遂行に役立つ工業、商業、農業、情報などを教える職業高校が戦後は多かったが、その後減少しており、高校から社会人への移行がうまくなされていない。

第4に、大学教育における最大の課題は、50パーセントを超える進学率がもたらす効果が深刻になっている点にある。すなわち、高い学力を持って大学に入学する学生ばかりではなく、普通の学力ないしは学力の低い生徒が入学することによって、大学教育の水準を下げざるをえないか、大学入学後、しばらくは補習授業を行って学力を上げさせなければならない場合がある。

大学教育は、社会の上層部で知的、管理的な職に就く人の育成がもともとの存在意義であったが、大衆化した大学教育をどうするか、日本では、いまだに確固たる方針なり政策が定着していない。

その他に、特にスポーツや芸術を中心に教育する学校の存在が、ユニークである。野球やサッカーなどのスポーツに特化して、学業よりもスポーツ中心の高校生活、あるいは大学生活を送るのである。芸術の分野でも、音楽や美術に特化している学校がある。このような教育が将来の職業生活に役立つ（プロスポーツの選手や芸術家、あるいは専門的な教師の養成など）のであれば、存在に何も問題はない。しかも私立校が多いので、国家の規制にとらわれない教育方針は容認される。

とはいえ問題がないとはいえない。プロ野球選手やプロサッカー選手、あるいはプロの芸術家になるには激烈な競争が待っている。ここで本人の生まれながらの高い能力・素質が重要となる。しかし、若い少年・少女にとって華やかなプロの選手や芸術家に憧れる志向は強く、次の章で述べる練習という努力も絶対的に必要である。

職業生活を送ることができるように、高校・大学時代に激しい練習に明け暮れるのは悪いことではないが、プロの選手になれないか、なったとしても活躍できず、職業生活が不成功で終わる場合の方が圧倒的に多い。

このような人々は、その後、スポーツ以外の職業をみつけなければならない。修学中に、別の仕事に役立つような教育にも力を入れてほしいものである。

第4章

努力

——どれだけ頑張ればいいのか

1　学業における努力

勉強時間が長ければ長いほど、学力は高まるのか

生まれつきの能力、育てられる家庭などでの環境、受ける教育の質がわかれば、次の関心は、勉強や仕事にどれだけ努力するかである。いかに高い知能・能力を持ち、いかに良好な環境にいようとも、本人がなにもしないのなら成果はなく、どれだけ努力するかが肝心である。そこで本章の関心は努力である。

生徒・学生が勉強においてどれだけ努力するのか、もっとも単純な指標は学校以外でどれだけの時間を勉強に投入しているかである。予習や復習、そして宿題に取り組む時間や、塾や家庭教師という学校外教育での時間がこれらの指標となる、期待は勉強時間が長いと、学力は高いだろうと想像するのである。

ここでは一般論として、生徒の勉強時間がどのように変化しているかを表4－1でみて

表4-1　生活時間の変化

（単位：分）

	小学校			中学校		
	家で勉強	テレビ	ゲーム	家で勉強	テレビ	ゲーム
1989年	51.1	140.2	33.6	42.2	137.7	23.3
2001年	36.1	139.5	57.3	27.6	160.1	52.6
2013年	46.5	132.9	61.9	31.9	125.7	36.5

出所：志水・伊佐・知念・芝野（2014）

みよう。この20年間ほどの間、1989年と比べると、テレビをみる時間は減少し、ゲームに興じる時間が増加傾向にある。また、勉強時間が確実に減少していることもわかる。学力の低下を予想させる。

しかし、この予想はそう単純に計測できない。

第1に、生まれつき知能の高い子どもは理解力、分析力、解答能力が高いので、短い勉強時間で十分であると予想できる。多くの人々は学校時代の経験として、まったく勉強しなくとも成績の良い人がいたことに遭遇していると思われる。逆にそれらの能力に欠けている子どもは、必要以上に時間を費やさないと予習・復習・宿題をこなせないかもしれない。あるいは努力してもそれが結果として実らないこともある。

第2に、生徒の通っている学校での教育方法の優れている場合と、そうでない場合の差もある。前者であれば、学校で効率的にしかも質の高い教育を行っているので、学校以外の勉強をさほどしなくとも学力が高くなるだろうし、逆に後者であれば生徒は過剰に学校外での勉強を強いられるかもしれない。

第3に、家庭環境の影響もある。家庭に個別の勉強部屋や机がある場合とそうでない場合では、子どもが勉強に励む意欲に差が出てきそうである。さらに親や兄弟の家庭での生活の仕方や勉強への熱意度、あるいは協力の程度なども無視できない効果がある。

以上の留意点をできるだけ考慮に入れながら、勉強時間と学力の関係を調べてみよう。図4-1は生徒の学力の高さ別に勉強時間がどれほど異なっているかを示したものである。勉強時間は塾や家庭教師といった時間も含んだものである。

学力の高い生徒の方が長い時間勉強をしている傾向にある。小学校、中学校、高校の三者の区分に注目すると、この図によって明確なのは、小学校と高校をみても（中学校では多少の違いはあるが）、勉強時間に大差はないのである。

高校で興味深いことは、偏差値で測定した高校の質の良否によって勉強時間が相当に異なっている点である。既に述べた三つの留意点のうち、第2の点はほとんど該当していない。質の高い教育をしている高校の生徒ほど長時間の勉強をしており、逆に質の低い高校

図4-1　生徒の学力の高さ別に勉強時間がどれほど異なっているか

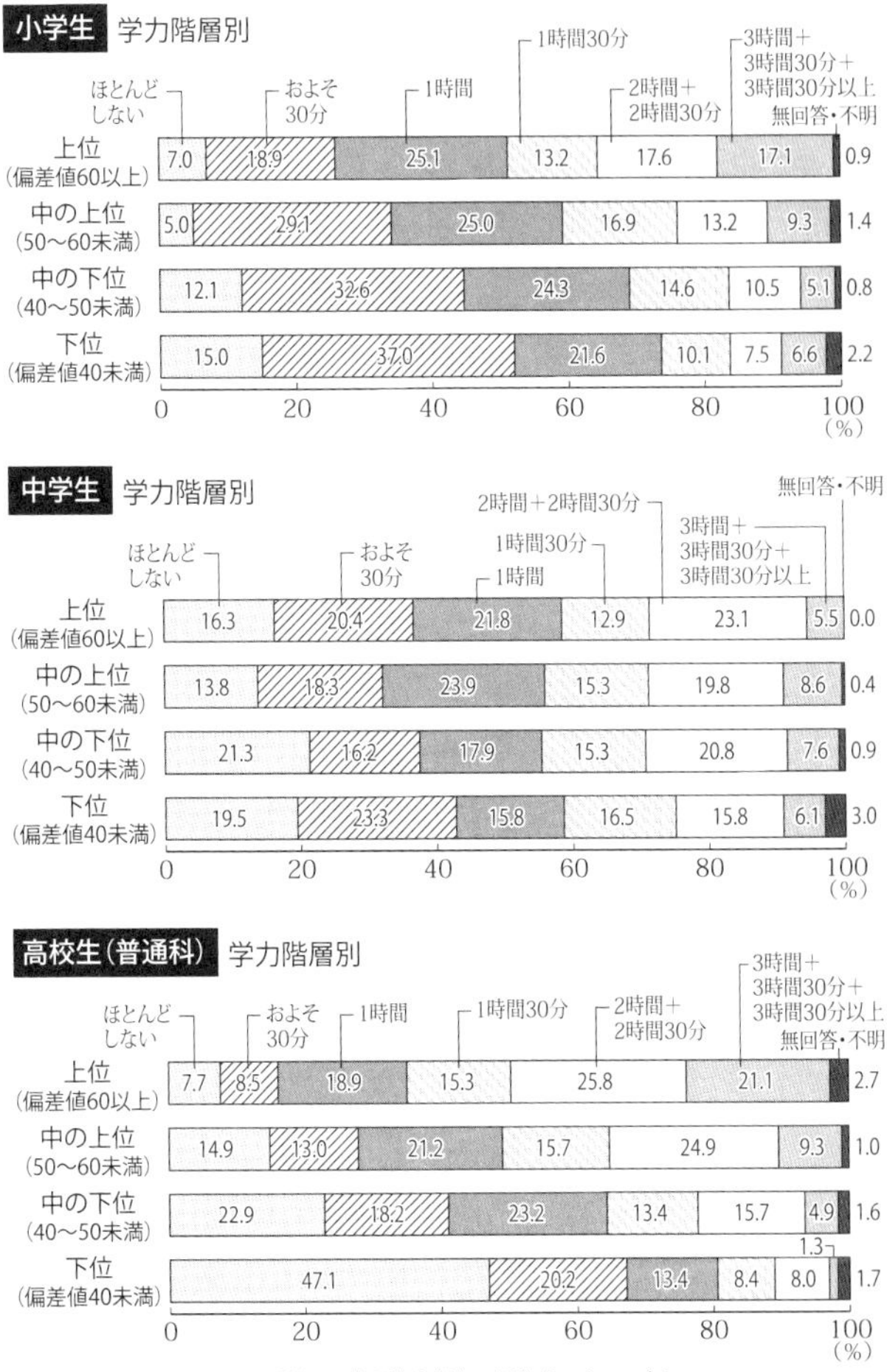

出所：Child Research Net『第3回学習基本調査　報告書』（2001年）

の生徒ほど勉強をしていないのである。良質な高校では、質の高い生徒がますます勉強するので、学力は抜群に上がるのである。

これは高校生の学力に、学校の質、生徒の質、そして生徒の勉強時間の三者による相乗効果が作用していることを意味し、高校生の学力差が想像以上に大きくなっていることを示唆している。

家庭での教育環境と本人の意欲

生徒の学校外での勉強を評価するには勉強時間の長さがもっともわかりやすいが、それを決める要因はどこにあるのか、家庭環境が本人の学習意欲にどのような効果を与えるのかを知っておこう。これに関しては志水・伊佐・知念・芝野（2014）が優れた調査を行っているのでみてみよう。

表4－2はそれを示したものである。家庭での教育的環境の高い、中間、低いという三つの種類別に子どもが家庭でどれだけ勉強しているか、学校での成績をどうみているか、を示したものである。これらは学習意欲や学習行動への効果とみなしてよい。

子どもの家庭における教育的環境は、次の4項目を数値化して総合し、高、中、低の3

表4-2　学習意欲・学習行動の変化（家庭の教育的環境階層別）

			小学校			
			2013年			
		家庭の教育的環境	高	中	低	全体
学習意欲	家庭での勉強の仕方（「とてもあてはまる」＋「あてはまる」）	出された宿題はきちんとやる	94.2	94.6	93.1	93.9
		授業で習ったことについて自分で詳しく調べる	46.2	36.3	25.5	35.7
		嫌いな科目の勉強でも頑張ってやる	81.7	75.7	62.4	72.8
		家の人に言われなくても自分から進んで勉強する	64.6	53.9	46.5	54.9
	成績観（「とてもあてはまる」＋「あてはまる」）	勉強はおもしろい	56.0	50.2	38.8	48.1
		成績が下がっても気にならない	38.1	39.7	43.2	40.4
		勉強は将来役に立つ	86.8	83.3	76.3	81.9
		人よりいい成績をとりたいと思う	69.7	69.6	66.3	68.4
学習行動	家庭学習	「しない」	9.3	11.3	16.4	12.5
	読書（漫画・雑誌を除く）	「しない」	35.1	46.0	55.0	45.5
	家庭での学習時間（平均時間）	単位：分	57.5	42.9	43.0	48.1
	読書時間（平均時間）	単位：分	36.4	25.5	21.2	27.8
	学校の復習（家庭での勉強内容）	「しない」	30.0	36.3	53.6	40.5
	学校の予習（家庭での勉強内容）	「しない」	39.2	50.0	61.7	50.6

（単位：パーセント）

出所：志水・伊佐・知念・芝野（2014）

区分を決めたものである。

すなわち、

①　家の人がテレビでニュース番組をみる

②　家の人が手づくりのお菓子をつくってくれる

③　小さいとき、家の人に絵本を読んでもらった

④　家の人に博物館や美術館に連れて行ってもらったことがある

この4項目と関係するが、フランスの社会学者であるブルデューは「文化資本」（家庭がどれほど教養や文化の程度を持っているか、あるいは子どもの教育にどれほど熱心か）の高い家庭の子弟は、高い学校教育を受ける確率が高くなることを示したのである。

まず家庭で学習しない比率は全体で12・5パーセントと低いので、90パーセント弱の家庭で、子どもは勉強しているといってよい。これは大半の子どもが家で勉強していることを示しているので、好ましい数字である。とはいえ、家庭環境の水準が高いほど勉強する比率が少し高まることは無視できない。それは家庭での勉強時間や読書時間の長さの差としても出現しているので、教育的環境の水準が高い家庭ほどよく勉強・読書しているのである。

しかし、繰り返しになるが、家庭の教育的環境による差は、それほど大きな勉強・読書時間の差として出現していないのである。

この事実は前に示した、学校の偏差値（すなわち質）の差による勉強時間の差より小さいという事実と比較すると、誠に興味深い。すなわち勉強時間の差は、家庭の教育的環境による差よりも、通う学校の質による差の方がより大きいのである。これを説明する要因としては、たとえ親が教育熱心であっても勉強しない子どもがいるし、逆に親は教育熱心でなくとも子どもが勉強好きである、というケースの存在を暗示しているのである。

とはいえ、学習意欲に注目すると、家庭環境の差はもう少し強く現れる。授業で習ったことを自分で詳しく調べるとか、嫌いな科目の勉強でも頑張ってやる、家の人に言われなくとも自分で進んで勉強する、といった項目では、環境のいい家庭の子どもはより強い程度で学習意欲の高いことがわかる。

同様なことが学校での成績観でもいえる。特に、勉強はおもしろい、勉強は将来役に立つ、という2項目で顕著である。とはいえ興味を引くのは、成績が下がっても気にならない、人よりいい成績をとりたいと思うの2項目は、家庭の教育的環境による差が小さいのである。

さらに、人よりいい成績をとりたいという希望は、すべての階層で70パーセント弱と高く、多くの生徒が学校の成績を高くしたいと願っており、自然な姿である。少なくとも意識の上ではほとんどの生徒が良い学業成績を望んでいるのである。だが、現実の教育の世界では、様々な理由によって成績の良い子とそうでない子が出現している。

最後に、表で示された内容のうち、感銘を受けた事実として、出された宿題はきちんとやるという回答に関して、家庭の教育的環境による差はほとんどなく、しかもその割合が

94パーセントの高さにも達している。ほとんど全員の生徒が出された宿題はきちんとやると思っているのである。

これを教育政策の観点から評価すると、先生方はできるだけ多くの宿題を生徒に課すことによって、一段と高い学習効果を期待できそうな気がする。生徒は宿題を義務とみなしているので、この思いに期待すれば、生徒の学力は高くなりそうである。

学力の高い学校とそうでない学校

学歴社会の色濃い日本では、学校の質、あるいは学校の効率的な教え方の評価は、次の二つの基準で代表される特色がある。

第1は、有名大学や名門大学にどれだけの卒業生を送り込んだかという高校の進学実績、さらにそういう高校に卒業生を送った中学校や、時には小学校まで話題に上がることがある。

第2は、卒業生の就職率やどういう企業に送り込んだか、といった就職の実績による評価である。

第1の話題については多くを語る必要ない。箇条書きだけにとどめておこう。

第1に、日本の大学の入学者決定方式である。これまでは学力試験による一発勝負であったが、これは試験の点数で決めることは、誰の目にも公平な扱いとの信念がわが国で強かったからである。学校は学問・勉強をする場所なので、それを受けるにふさわしい人を入学させるには、学力を唯一の指標としていたのである。

第2に、学力だけで決めるとなると、受験生は高い得点を得ようと努力するのは自然である。そうすると高校での勉強もそれに備えるべく準備する。ここに学力の高い学校とそうでない学校の差が歴然となり、学力の高い生徒の多い高校での教育の質が高いとみなされるようになる。

そこに入学してくる生徒そもそもの知能の高さに加えて、教育アスピレーション（意欲）の高い仲間が多いので、皆が学業に励む努力をするのであるから、その学校はますます効率性が高くなる。あるいは質の高い教育を行っているとみなされる。

さらに、優秀な生徒には教えがいもあるので、そういう学校には優秀な先生が集まるのも自然である。ここで述べたことは、受験校として有名な国立と私立の中・高一貫校を念頭においている。

第3に、学校教育だけでは十分ではないので、日本に特有な教育制度としての塾の存在も見逃せない。優秀な中・高一貫校に入学するために小学校のときから塾が存在しているのも皆の知るところである。本書では、塾などの学校外教育については述べないので、関心のある方は橘木（2017a）を参照されたい。

このようにして日本における学校の効率性、あるいは質の高さは、上級学校への入学試験の成功度で測定される、という不自然な形になっている。学校もこれに向けての努力に邁進するのである。

なぜ、このような姿になったかは、第2の評価と直接関連する。企業や役所がどの学校の卒業生を採用するのか、そしてそれらの組織で上役に昇進する人は誰かということに関して、名門校・有名校の卒業生が有利であるという学歴主義の認識が一般に流布していたからである。

筆者は、企業や役所での昇進に関しては、能力・実力主義がかなり浸透しつつあるので、この面での学歴主義は弱まっていると思う。しかし、新規の採用時にはまだ残っているので、完全に学歴主義が消滅したのではない。名門大学・有名大学の卒業生は上場企業や大企業への就職や官庁への就職にいまだに有利である。後に、このことは詳述する。

最近になって受験戦争が顕著になったのは、大学の医学部への入学試験である。高額所得者になれる、医師免許があれば食い口に困らない、人から尊敬を受ける職業である、などの魅力から、医学部入試は殊のほか困難になっている。医学部にどれだけ生徒を送り込んだかが新しい学校の質の評価になりつつある。

学力向上に努力する小・中学校と格差

ここでは、ごく普通の公立小学校と中学校に特化して学校の努力を考えてみよう。名門校・有名校への受験対策として学校の質や努力を分析するのではなく、ごく一般的な初等教育での学力向上に努力している学校が関心の中心である。

当然のことながら、カリキュラムの現状、先生の教え方、などが検討事項になる。国公立・私立の中・高一貫校のように意欲が高く、しかも優秀な生徒の多い学校では一般性がないので、ごく普通の生徒あるいはあらゆる種類の生徒の学ぶ学校での話題に注目する。

ここでは二つの証拠を示しておこう。第1は、大阪府の小学校25校、中学校14校の学力調査をした志水・伊佐・知念・芝野（2014）による研究である。小学校を次の4種類に区分して、学校の努力がどれだけ成功しているかをみたものである。

①がんばっている学校：④の学校に似た環境の学校であるが、先生方が熱心に学力の向上に努力している学校
②ふつうの学校：親の家庭環境も学校の努力も普通の水準の学校
③めぐまれている学校：親の社会・経済上の地位が高いという環境に恵まれた学校
④しんどい学校：貧困者の多い地区の学校で、親の社会・経済上の地位が低い

表4-3がこれら4種類の学校別に、家庭での学習、授業形態、生徒の意識などを示したものである。

まず家庭学習に注目してみよう。もっとも印象的なのは、「がんばっている学校」では生徒の実に73・4パーセントが、30分以上勉強していると回答しており、他の学校よりもその比率がかなり高い。一方で「しんどい学校」では、それが22・6パーセントの低さであり、勉強していない事実が明白である。

「がんばっている学校」で生徒がなぜ勉強するのか、それは授業形態の中身から類推でき

表4-3　生活アンケートの結果（学校別）

		がんばっている学校	ふつうの学校	めぐまれている学校	しんどい学校	回答内容
家庭学習	30分以上勉強する	73.4%	52.0%	59.9%	22.6%	
	学校の宿題をする	81.3%	79.3%	92.1%	84.4%	「いつもする」
	宿題はきちんとする	66.1%	64.2%	68.4%	78.1%	「とてもあてはまる」
	分からないときは自分で調べる	53.1%	39.0%	33.8%	44.4%	「あてはまる」
授業形態（算数）	教科書や黒板を使って先生が教える	90.6%	91.1%	93.5%	90.3%	「よくある」
	ドリルや小テストをする	81.3%	21.5%	20.8%	58.1%	「よくある」
	宿題がでる	48.3%	25.6%	24.7%	58.1%	「よくある」
	ペアやグループで話し合う	73.5%	65.6%	87.0%	64.6%	「よくある」「ときどきある」
	自分で考えたり，調べたりする	33.3%	43.4%	42.7%	30.0%	「よくある」
	自分たちの考えを発表したり，意見を言い合う	73.0%	56.6%	70.1%	31.0%	「よくある」
	パソコンを活用する	38.7%	36.3%	10.4%	48.4%	「よくある」「ときどきある」
意識	勉強は将来役立つ	64.1%	51.6%	49.4%	65.6%	「とてもあてはまる」
	嫌いな科目でも頑張ってやる	45.3%	33.3%	30.3%	40.0%	「よくあてはまる」
	自分には人よりすぐれたところがある	37.5%	29.2%	23.4%	31.3%	「はい」

注：網かけ部分は，他の3小学校よりも10%以上結果が肯定的であることを示している
出所：志水・伊佐・知念・芝野（2014）

る。ドリルや小テストをする比率が高く、ペアやグループで話し合ったり、自分たちの考えを発表したり、意見を言い合うなど、学校すなわち先生が生徒に勉強を強いていたり、生徒たちが自主的にグループでの勉強をしている姿が読みとれる。これらはまさに学校が率先して生徒に勉強する機会を与えているし、生徒自らが他の生徒と

話し合いながら、自分たちの学力を高める努力を重ねているのである。

特筆すべきことは、「ふつうの学校」や「めぐまれている学校」では、ドリルや小テストを行っている比率が20パーセント前後とかなり低いことにある。しかも宿題が出される比率もこれらの学校では低く、生徒に勉強をさほどさせていない事実がわかる。皮肉な解釈をすれば、これらの学校では塾に通っている生徒が多いので、先生方は自分たちで生徒に勉強させる必要性をさほど感じず、塾に期待という側面があるのかもしれない。

一方で「がんばっている学校」や「しんどい学校」では、塾に通う生徒の比率が低いので、先生方は学力を上げるのは自分たちの役目と自覚して、生徒への教育に熱心になっていると解釈しておこう。

「めぐまれている学校」や「しんどい学校」についても一言述べておきたい。

前者については、ペアやグループで話し合いや自分たちの考えを発表したり意見を言い合う比率が高く、生徒の自主的な取り組みを重視した教育の姿がある。後者に関しては、先生方は宿題を出したり、パソコンをよく使ったりして生徒の教育に熱心になっているが、後にみるように、実態は目にみえた成果が上がっていないと解釈できる。

最後に、生徒が勉強の意義をどう評価しているか、自己の資質の評価はどうか、といっ

図4-2　算数の得点分布（塾に通っていない子どもの値）

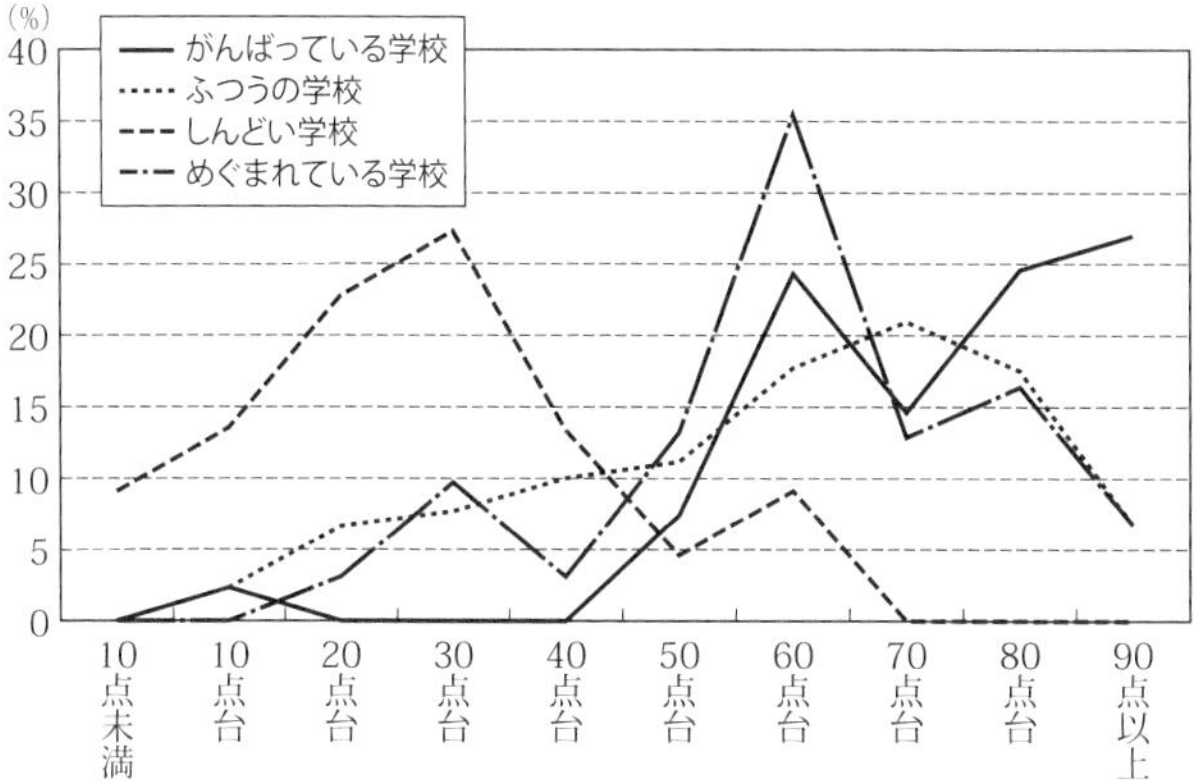

出所：志水・伊佐・知念・芝野（2014）

た点に関しては、生徒がどのような学校で学ぶかに注目すると、めぐまれている学校で学ぶ生徒ほど、意識や意欲の低い事実が判明した。これは筆者にとっては意外な事実であった。その理由を探求する価値はあるが、本書の主題から離れるので、事実の提示だけにとどめておく。

では、これら４種類の学校において、生徒の成績（算数）がどのように分布しているかをみることによって、成功度を確認しておこう。図４－２は塾に通っていない子どもの得点分布を示したものなので、学校だけの勉強による成果となっている点に特色がある。

その前に、学校の教育方法とは無関係に、

表4-4　通塾と得点の関係

（単位：点）

小学校	国語			算数			通塾率
	非通塾	通塾	差	非通塾	通塾	差	
1989年	74.3	78.7	4.4	77.3	83.2	5.9	28.7%
2001年	69.0	75.2	6.2	65.6	71.3	5.7	29.4%
2013年	71.9	79.0	7.1	71.7	80.5	8.8	29.4%

中学校	国語			数学			通塾率
	非通塾	通塾	差	非通塾	通塾	差	
1989年	65.9	72.8	6.9	61.9	74.8	12.9	54.4%
2001年	59.6	68.9	9.3	53.3	72.9	19.6	50.7%
2013年	65.7	69.2	3.5	55.2	69.1	13.9	49.7%

出所：志水・伊佐・知念・芝野（2014）

塾に通う生徒と通わない生徒の間で、どの程度の学力差があるかを知っておこう。それは表4－4で示される。この表は、通塾生と非通塾生の間で、確実に学力差のあることを示している。特に国語よりも算数・数学にそれが顕著である。

では本論に入ろう。まず「がんばっている学校」の得点分布がもっとも良好である（ちなみに平均点は100点満点で79・0である）ことに感銘を受ける。これは40点以下の得点しかない人が非常に少ないことが貢献しており、「がんばっている学校」の特色はもっとも成績の悪い生徒の成績を底上げするのに成功しているのである。さらに高得点の生徒数も多いが、この理由は不明である。次いで得点分布の優れているのが「めぐまれている学校」であり、当然の結果であるが、もし塾に通う生徒も標本に入れれば高得点者の数はもっと増えて、「めぐまれている学校」が「がんばっている学校」の得点分布と平均点で上回るであろう。

逆に成績分布の悪いのは「しんどい学校」（平均点は32・7）であり、予想された結果である。もっとも家庭環境のめぐまれない子どもの集合であるし、学校はしっかり教えようと笛吹けど、生徒がそれに踊らずに勉強しないので、成績が悪いのである。「しんどい学校」を「がんばっている学校」にするにはどうすればよいか、が次の課題となる。

さらに一般的な学校、特に秋田県や北陸三県（富山、石川、福井）の小・中学生の学力の高さに言及しておこう。進学を目標にした私立学校は少なく、ほとんどが地元の公立学校に通い、かつ塾などもそれほど普及していないこれらの県で学ぶ生徒の学力が日本一であることは、よく知られた事実である。

そこで、各県別の成績を出すことはせずに、なぜこれらの県の生徒の学力が高いのか、学校や生徒の努力の姿がわかるように箇条書きで示しておこう。これらは志水・前場（2014）の要約である。

(1)小さな市町村が多いだけに地方自治体、教育委員会、学校、先生、父母が教育を重要な活動とみなしているので結束が固く、教育に熱心な雰囲気が強い。
(2)家族の絆が強く、親や祖父母が家庭において子どもに勉強を教える。
(3)親子ともども学校の先生への尊敬度が高いので、先生の教育に信頼をおくし、生徒も親も先生の指導に従う。
(4)先生もその期待に応えるべく、教科指導や授業のやり方に熱心だし、いろいろな工夫を重ねている。
(5)授業ではグループ討論や発表の機会を与えて、コミュニケーション能力の向上に努めている。
(6)大都会のような喧噪に巻き込まれず、先生・生徒ともに静かに、そしてまじめな学校生活を送っている。

学校、そして教師が生徒の教育に熱心にあたっていることがよくわかるし、大阪市における「がんばっている学校」と共通する点が認識できる。親や教師というまわりがいい環境づくりをして、生徒が勉学に励むことになるような雰囲気をつくることが、学力の向上に役立つといえそうである。

アメリカの定説「効果的な学校」とは

生徒の学力を上げるのに成功している学校は「効果的な学校（effective school）」として、教育学の世界ではかなり高いコンセンサスで認識されており、それがどのような学校であるか、アメリカでの定説を述べておこう。

〝校長は信念をもって教育に当たるべきで、まずは教師を慎重に選んでかつ監視すべし。出来の悪い教師に学校を去ってもらう術をみつける。そしてカリキュラムと指導戦略に重点をおき、生徒の学力データを監視して、指導戦略がうまく機能しているかどうかを見極める。教師にいろいろなセミナーや研修の機会を頻繁に与えて、教え方がうまくなるような訓練をする。そして子どもの教育に親を参加させるように努力すべきである〟

以上がニスベット（2010）の、アメリカにおける効果的な学校の定義である。

このアメリカでの定説は、ほぼ日本でも該当すると考えてよいが、一点だけ異なるのは校長の役割である。

アメリカ社会全体の雰囲気として組織のトップのリーダーシップを重視するが、日本ではトップが独走することを嫌ったし、方針の決定は組織に属する人の総意に頼る風潮が強かった。アメリカ流のマネージメント方式が優れているという主張も日本で台頭しているが、まだ定着していないので今後の論点である。

強い忍耐心とたゆまぬ努力が実を結ぶ

ここまでは初等教育を中心にして学力の向上を考えたが、次のテーマは〝学問を究めるには〟である。

大学などの高等教育が対象であるが、大学教育に関する改革論は山ほどあるので、ここでは大学生を通り越して、学者として一流になる条件、例えば、それこそノーベル賞を受けるといった頂点に上りつめる策である。

優れた研究者になるには、ある程度の高い知能、頭の良さが必要であることは多言を要しない。学問の歴史とこれまでの研究成果をよく理解して、新しいことを発見するにはそれが必要条件であるが、決して十分条件ではない。理科系においては、新しい理論の開発・実験の成功のためには試行錯誤があり、失敗に終わるというのは当然の出来事であるし、それが何度も続くことが普通である。

その失敗に懲りずに、強い忍耐心を持って再度挑戦する気概は必要である。文科系の学問においても大なり小なり同じことがいえる。これこそ、努力の積み重ねといってよく、強い精神力とたゆまぬ向上心に支えられた努力の賜物である。

学問の世界で超一流の仕事をした人の伝記を読むと、ごく一部には天才として極上の頭脳の良さに恵まれた人もいるが、大半は決して劣等ではないが普通の人より相当に、あるいは少し優れたという場合が多い。むしろ、非常に強い忍耐心とたゆまぬ努力、新しいことへの強い挑戦心、これまでのしがらみや権威にとらわれない精神、ダメとわかったらそれにこだわらずにあきらめる、などの特性を有する人が多い。

最初に述べた忍耐心と努力は、最後に述べたダメとわかったらあきらめると矛盾するかもしれないが、両者のバランスをいかにうまく見極めるかが鍵であろう。この見極めをうまくできる人こそが、他人のできない素晴らしいことを学問の世界で成就する人であろう。

2 スポーツや芸術の世界における努力

ハンディを乗り越えるプロバスケットボール選手の努力

音楽や美術、あるいはスポーツの世界では、第一級の仕事をする人は極上の才能を持って生まれなければならない、という通念があるが、それが真であるかどうかを検討しよう。

スポーツ選手、あるいは運動を行う人の成功、不成功を占うには、まず身体能力が第1に重要ではないか、と多くの人が想像するであろう。第2章の能力においても、陸上選手において、短距離走と長距離走の選手の間で期待される身体能力の異なることが示されたので、特殊な身体能力が大切というのはわかってもらえよう。

逆の発想をすれば、特定のスポーツ種目で優秀な実績を示すには、ある種の特質を持たない方がよい、ともいえる。もっともわかりやすい例を示せば、バスケットボールの選手になるには身長の低い人はかなり不利なのである。

裏返しにいえば、身長の高い選手が有利である。しかし、この例においても、あまりにも低い身長であればかなり不利であるが、平均より少し上の身長程度であれば、かなり活躍する場合もある。高身長が絶対の条件ではない。

例を挙げれば、田臥《たぶせ》勇太選手（１９８０年生まれ）である。

身長は１７３センチメートルしかなく、バスケットボールの選手としては低身長とみなせる。母親がバスケットボールの選手だったというから遺伝の効果はあったろうし、小学校低学年で彼もバスケットボールをはじめたというから、〝鉄は熱いうちに打て〟の教訓は生きていた。バスケットボールの名門高、秋田県立能代《のしろ》工業高等学校で大活躍してから、トヨタ自動車を経てアメリカのプロリーグ（ＮＢＡ）でいくつかのチームに所属して、選手として公式試合にも出場した。

レベルの高いアメリカＮＢＡのチームにおいて、目立った活躍はなかったが、日本人の体格ながらＮＢＡの一員になったことは特筆してよい。帰国後は、日本のプロバスケットボールチーム「栃木ブレックス」で活躍している現役選手である。

アメリカでは長身揃いの選手の中を、小さな身体で巧みにすり抜けながらの見事なパスプレイと、ジャンプ・シュートが特徴であった。身長のないハンディを、すばしこく動く素晴らしい運動能力と高いジャンプ力で補ったのである。

そういう意味では、普通のバスケットボール選手に期待される身長という能力とは別に、運動能力が優れていたので田臥選手の能力は高かったと理解しておこう。とはいえ低い身長のハンディを乗り越えるには、すばしこさだけでは太刀打ちできない。田臥選手が厳しい練習を積み重ねたことだけは忘れてはならない。

さらに、バスケットボール選手の練習に関して、レイ・アレン（Ray Allen、1975年生まれ）についても述べておこう。

NBAのスター選手で、3ポイントシュート（バスケットボールは通常ゴールすると2点の得点であるが、一定距離以上の離れたところからのゴールに3点が与えられる）での成功数が歴代第1位、という記録保持者として有名である。身長は196センチメートルなので、2メートルを超す選手の多いNBAでは特別な長身ではない。

「神様はアレンに高い運動能力を与えたのだ」というマスコミの記事に対して、アレン選手は「自分は練習の虫で、どれだけ努力をしてきたか」をもっと書いてほしい、という反論をしたのである。この事実をエリクソンとプール（2016）から知りえた。

アレンの高校時代のコーチは、彼がそれほどシュートのうまい選手でなかったし、むしろ下手であったと証言している。しかし彼は、誰よりも多く練習に取り組んだのである。「自分が属したチームの選手に聞いてほしい、すべてのまわりの人がアレンが一番シュートの練習に励んでいたと証言するはずだ」と述べている。

ある程度の身体能力を備えた人が集まるプロバスケットボールの選手の中で、抜群の成績を残すには、ひたすら練習に励む、つまり、ひたむきな努力をすることが条件なのである。

イチロー、王貞治の固い意志に裏打ちされた偉業

野球狂の筆者としては、野球選手の能力と努力との関係について、一言述べておく必要がある。

筆者自身の経験をごく簡単に記すと、幼少の頃はそれこそ少年草野球の選手で、そこそこの選手であった。守備がうまい方で、「流しのタチバナキ」と称されるほどの巧打者でもあった。しかしいかんせん、身体と運動の能力に欠け、たとえ1日に24時間を野球の練習に励んだとしても限界がある身とさとり、野球で身を立てる（すなわち中学、高校で野球部に入る）ことは小学生という早々の年齢であきらめた経緯がある。

スポーツで身を立てるには、一定程度以上の身体・運動能力が必要であるとの原理を、筆者の例から提出した次第である。

では野球で努力して開花した選手を取り上げよう。まずはイチロー選手（1973年生まれ）である。日本とアメリカのプロ野球で大活躍している選手であることは皆の知るところである。彼の実績として、最多安打、盗塁王、ゴールデングラブ賞（守備のもっともうまい人への賞）など、最優秀な選手としての評価がある。外野からホームに矢のような送球をする「レーザービーム」の強肩でも知られる。

それこそ、あらゆる運動能力（走る、投げる、打つなど）に優れていることはいうまでもないので、天才という言葉がイチローにはふさわしい言葉である。

しかし、天賦の才能だけでなら他にも多くいるが、イチローの場合には、それに努力が加わっている。南海、ヤクルトなどで選手・監督を経験した野村克也は、イチローのことを「天才が努力すると恐ろしい」といっているので、努力を大いにしたことは確実である（野村克也著『ノムダス勝者の資格』ニッポン放送プロジェクト）。

試合前に入念に身体を動かすトレーニングを行っている姿や、打つ、守る、投げる、走るのトレーニングに精を出している姿を、映像でよくみる。自宅においても様々なトレーニング器具を入れて、身体の鍛錬を行っているとされる。

イチロー選手は、野球選手として超一流の実績を出していることに多言を要しないが、ケガをしないというのも一つの特色となっている。その一つの理由は、日頃の身体の手入れとトレーニングの積み重ねというのは、彼に関する著述の多くが語っている。すなわち、人一倍の練習とトレーニングを行っているのである。

イチローの幼年時代、少年時代を知ると、一流の野球選手になるべく努力していたことが明白となる。父は「チチロー」と呼ばれるように、息子に野球の術を教えたし、連日のようにバッティングセンターに通って打撃の練習に励んだ姿が記されている。高校も名古屋地区では野球の名門校である愛知工業大学名電高等学校に通って、野球の技術を磨いたのである。

本人の、プロ野球の選手になるのだ、という固い意志が読み取れるし、本人の大変な努力によって超一流の選手への道を歩むのが、幼年・少年時代における鍛錬振りから予期できることであった。

ホームラン王として有名な王貞治選手（1940年生まれ）はどうだったろうか。中国人の父と日本人の母を持つ人であるが、国籍は中華民国であって日本国籍ではない。しかし、日本の学校、プロ野球チームで活躍した選手なので、あたかも日本人のように思われている人である。

高校は、野球の名門校として知られる早稲田実業学校高等部に進み、甲子園大会には投手として出場して、春の選抜大会では優勝までしている。その後、読売巨人軍に入団するが、投手としては大成しないとみなされて、打者に転向して一塁手となる。巨人に入団した当初は、そこそこの成績でそれほど目立った活躍をしなかった。よく知られているように、荒川博というコーチの指導を受けることで転機が訪れる。

荒川コーチは王選手に「一本足打法」を進言し、ここから猛練習がはじまったのである。有名なエピソードとして、「練習に使った部屋の畳が擦れて減り、ささくれ立った」とか、「翌朝顔を洗おうとすると腕が動かなかった」といった言葉で表現されている。素振りを何百回、何千回と行って、打撃フォームの改良にそれこそ猛特訓したのである。「天井からつりさげた糸の先の紙を、日本刀で切る」という訓練までしたことは、特に有名な話である。すさまじい猛練習を王選手はこなしたのである。

この猛練習が功を奏して、1962（昭和37）年に38本の本塁打と85の打点で、本塁打王と打点王に輝いた。そして、1964（昭和39）年に55本という本塁打の新記録や、その後もホームランを打ち続けて、1977（昭和52）年には世界記録の756本塁打を記録する。さらに、生涯に868本というホームラン数を残すほどの大打者に育っていったのである。しかし、これだけ大量のホームラン数とはいえ、アメリカ球界では、巨人の本拠地である後楽園球場が狭すぎるとして、なかなか公に王の大記録を認めようとはしなかった。

ここでは誰が世界一のホームラン王であるかには言及せず、王が「一本足打法」を完成させるために、猛訓練に励んだ事実を中心に書いてみた。

やみくもな練習はかえってマイナスとなる

長時間で、しかも単純な動きの多いスポーツの練習……、苦しいだけで楽しい思いをする人はそういない。一流といわれる選手においても「練習は楽しい」と答える人は多くない。あえていえば、非常に苦しい練習やトレーニングに耐え、試合やゲームでいい成績を残せたときや勝利したときに、大きなよろこびを感じ、これまでの苦しい練習が報われたとの思いに至ったときにだけ、のちに練習が楽しい思い出となることがある。

単純で退屈な、そして苦しい練習・トレーニングをしているときに、いい思いなり楽しい思いをしている人は、とても少ないのである。

そこで、この毎日の苦しい練習をなんとか少しでも楽しく、特に技術を向上させる上で効率的な方策として、一つの案が主張されている。それはエリクソンとプール（2016）で紹介されている、水泳選手のナタリー・コーグリン（1982年生まれ）の取った練習法である。アメリカの女子スイマーで、オリンピックのメダル数が12個というトップ選手である。

彼女は1回の練習時間をできるだけ短くし、1回あたりの練習を集中的に行うという主義であった。短い水泳タイムの練習であっても、フォームの取り組み方に集中したのである。ストロークを完璧に行うためには、どうすればよいかを身体感覚で会得して、その会得した方法を決して忘れずに、次の練習のときに反復して覚えてしまうのである。ただし練習しているときは、たとえ短い時間であっても100パーセントの集中力で行うのである。70パーセントの集中力でもって長い時間の練習を行うよりも、技術の向上に役立つことが多い、というのが、コーグリンの練習方法の鍵である。

水泳競技は個人競技なので、ここで述べた集中的な練習は比較的やりやすいが、バスケットボールや野球という競技はチームプレイなので、複数人数がからみ、やや異なる側面はある。しかし、バスケットボールであってもシュートの練習は一人でできるし、野球でも、バッティングや投球練習は一人でやることなので、水泳と同じような練習を行うことは、場合によっては可能である。

また、たとえバスケットボールや野球のようにチームプレイとしての練習が必要であっても、ダラダラと長時間の練習を行うよりも、全員が集中してチームプレイの練習を行う方が効率の上がることがある。全員でダラダラと長時間の練習を行えば、きっとメンバーの中で集中力を欠く人が出てきて、かえって効果の上がらないことが発生する可能性がある。

このことから、日米のプロ野球チームの練習方法の差が指摘されることに気づかされる。アメリカ大リーグの公式戦がはじまる前のキャンプは、日本のように1カ月も行うのではなく、短い期間に限定されているし、キャンプにおける1日あたりの練習時間も日本より短いとされている。短時間ながら集中的に練習を行うのがアメリカ、長時間でみっちり練習を行うのが日本、という特色を指摘できそうだ。この差は両国民のメンタリティーの違いの反映かもしれない。

アメリカ人は、効率的に事を運ぶにはどうすればよいかへの関心が強いが、日本人は皆で同じ目標に向かって努力する姿を尊ぶ国民なのだろう。

天才モーツァルトの才能と幼い頃の努力

およそ250年前に活躍した大作曲家、ヴォルフガング・モーツァルト（1756－91）には、生まれつきで驚異的に優れた音楽才能があったとされ、天才の称号が長い間授けられてきた。

3歳という幼い頃から楽器の演奏をはじめて、チェンバロ、バイオリンなどの楽器を見事に演奏するようになった。こんなに若い頃からの素晴らしい演奏だし、作曲も行っていたので、生まれながらの絶対音感の才能に恵まれていたと信じられてきた。

父レオポルドは息子の才能を生かすべく、ヨーロッパ各地に演奏旅行に連れ出し、各地で好評を得て神童「モーツァルト」の名前は有名となった。この演奏旅行中に各地の音楽専門家の指導を受けたし、自己も楽器の演奏のみならず作曲も手掛けた。その後、ザルツブルクやウィーンに定住してプロの演奏家・作曲家となり、おびただしい数の作品を作曲した。今でも名曲とされる作品が数多くある。ハイドン、ベートーヴェンと並ぶ古典派の大作曲家の一人である。

非常に幼いときから頭角を現し、さらに、その後の華麗な演奏活動と作曲活動から、モーツァルトを生んだのは、生まれながらの優れた天分の才能によると信じられるようになった。

本書の関心からすれば、第1章で述べたバッハ一族のように音楽的な才能という遺伝の効果があったとみなしてよい。現実にも父レオポルドはザルツブルグの宮廷音楽家だったので、父譲りの遺伝の効果のあったことは確実である。

しかし近年になってから、モーツァルトの素晴らしい業績を、生まれながらの天分のみに帰する判断に、疑問が呈されるようになった。すなわち、ヴォルフガングが2～3歳の頃から、父レオポルドは息子に特別な音楽教育と訓練を厳しく行っていて、絶対音感を4～5歳の頃に完璧にマスターしたのである。もし、ヴォルフガングに音楽的な才能がなかったなら、いくら教育や訓練を施しても、絶対音感を獲得しなかっただろうし、その後の素晴らしい音楽作品の作曲はなかっただろうと判断できる。才能があったからこそその教育と訓練の効果だったのである。

ここで興味ある事実がエリクソンとプール（2016）に指摘されている。父レオポルドは息子ヴォルフガングが6～7歳の頃に作曲したとされる作品の実質的な作曲者だった、というのだ。11歳で作曲した「ピアノ協奏曲」も、実は既に存在していた誰かのピアノ作品を父が編曲して、ヴォルフガングの作品として発表した、ともされる。

これが真実であるかどうかの判断は筆者の能力を超えているが、とはいえヴォルフガングが自己の筆でオリジナルを作曲して公表したのが15～16歳とされるので、幼い頃の作品がすべて彼のオリジナルとはみなせないが、15～16歳頃からはまさに天才作曲家の登場とみなしてよい。

父は自分で作曲した作品を、なぜ息子の作品としたのであろうか。それには二つの仮説が考えられる。

第1に、4～5歳の頃から音楽の才能を示した息子を、なんとか一流の音楽家に育てたいという自然な親の愛情による。

第2に、自分も音楽家として身を立てているが、さして活躍をしていないので、せめて子どもに自分の夢を託したいという、これも親心といえば親心である。親は自分のできなかったことを自分の子どもにしてほしい、と願うのはよくみられる親子の姿である。厳格にいえば、もしそれが事実なら、父の行動は決して許されることではないが、熱心に音楽を教えたいという事実に配慮して、完璧な悪とはいわないでおこう。

話題をモーツァルトの幼いときの訓練に戻そう。

それは遺伝と環境の関係することである。父レオポルドは息子ヴォルフガングに対して熱心に音楽を教えたし、楽器の演奏の仕方を教えたのである。これに見事に応えて練習に励んだ息子の努力を大いに評価したい。

これほどの幼い年齢であれば、普通の子どもなら遊びたい年齢であるし、反復練習の繰り返しなので、退屈な練習を嫌うところである。そこには親譲りの遺伝子として、音楽好きという性格が働いたに違いない。そして苦しい練習に耐えたヴォルフガングには、モーツァルト家の音楽一家という環境がうまく作用したと考えられる。

もう一つ重要な点は、この良き環境が、逆にヴォルフガングの隠れた音楽的な天分に火をつけて、優れた音楽作品の作曲につながったのである。もともと優れた音楽才能を父から遺伝として受け継いでいたが、幼い頃の音楽教育と訓練という良い環境が、一気に才能を開花させるようになったのである。

換言すれば、ヴォルフガングがモーツァルト一家のような音楽環境の中で育たなかったなら、彼の音楽的才能は前面に出てこず、後の大作曲家の誕生はなかったかもしれない。すなわち、モーツァルト一家の成功は才能（遺伝）と環境の交互作用の好例である。

日本においてもモーツァルトに似た例が、ヴァイオリンの五嶋みどりとピアノの辻井伸行にみられる。

五嶋みどりの母親はもともとヴァイオリニストで、途中でキャリアをあきらめて、娘に託して猛訓練させた。辻井は生まれながらの盲目だった。彼の親は、音楽家でなかったが子どもの才能を見抜いて、ピアノの訓練を施したという。両人ともに一流の演奏家に育った。詳しいことは橘木（2017a）を参照されたい。

チェスや囲碁の強さとIQは相関しない

欧米諸国におけるチェス、東アジアにおける囲碁は頭を使う競技として有名である。長時間の思考を重ねてから次の一手の駒や石を打ち、二人が勝負を競う競技である。慎重に熟慮しながら何手か先のお互いの手を読み、自分に有利な一手を下すのである。ゲーム自体も数日間にわたることがある。記憶力、分析力、思考力を必要とするので、頭の良さが重要と考えられる競技である。

そこで多くの研究者がチェスプレーヤーや囲碁棋士のＩＱテストを実施して、それらの人の知能、頭の良さを知ろうとした。予想された仮説は、それらに強い人のＩＱは高く、頭の良いことが優れたプレーヤーの条件というものであった。筆者もチェスや囲碁は頭脳を用いる要素が強いので、多分この仮説は正しいと予想していた。

ところがである。多くの研究成果をサーベイ（概観）したエリクソンとプール（2016）によると、チェスプレーヤーや囲碁棋士のＩＱと、競技の強さには相関がない、という結論だったのだ。例えば、チェスプレーヤーのＩＱスコアは平均以上ではあったが、技量とは明確な相関はなかったし、囲碁棋士の場合には、トップ棋士のＩＱの平均値が93しかなく、一般の人の１００よりも低いという結果であった。

では、チェスや囲碁で強くなるのはどのような人物であろうか。

その例が、エリクソンとプールによって示されている。ハンガリーの心理学者ラズロ・ポルガーとその妻クララは、３人の娘を一流のチェスプレーヤーに育てた。幼少の頃からチェスのゲームをはじめたし、一手一手のやり方を教えたのである。その娘たちは学校に通うことなく、学業は自宅で教えるという荒業を行い、四六時中チェスの訓練を行ったのである。

その結果、長女は15歳で女性のチェスランキング第1位となり、次女は14歳で男性も含めたローマ大会に出て好成績を収めた。三女は、2014年に引退するまで24年間にわたって女性プレーヤーのランキング第1位を占めた。さらに男子を含めた世界ランキングにおいても、8位にまでなったことがある。チェスの世界は男性優位の世界であり、男子と女子が別々に対戦することが多いので、男性を含めたランキングでトップにはなれなかった。それにしても、三姉妹ともに一流のプレーヤーになったのは特筆に値する。

残念ながら、三姉妹のIQスコアは不明なので頭の良さとの関係には言及できない。幼い頃からチェスに親しむ環境が与えられ、親子ともどもチェスの練習、ゲームの鍛錬に励んだのは事実である。

ポルガー三姉妹の例は、モーツァルトの例と同様に、幼い年齢における訓練、努力の重要さを示唆しているといってよいだろう。

3　組織（企業や役所）で働く人の努力

この節では、人々の間でもっとも数の多い企業人、公務員などの組織で働く人の昇進、すなわち管理職への昇進を考えてみたい。

企業や役所であれば、平社員→係長→課長→部長→役員→社長という昇進ルートがあるし、役所においても役職の名前は異なれど、これに似た昇進ルートがある。誰が昇進していくかがここでのテーマであるが、何が基準で昇進する人、しない人、それの速い人、遅い人の差が出現するかが関心の中心である。

学歴社会は平等か、不平等か

考えられる基準を述べれば、性、年齢、勤続年数、学歴、どれだけ頑張っているかという努力、勤務実績、えこひいき、他の人々との人間関係の良し悪し、運など様々な要因がある。これらすべてを論じるのではなく、本節にもっとも関係の深い要因にしぼる。それは努力と実績である。学歴についても、これらと関係があるのでまず最初に言及する。

日本はよく「学歴社会」といわれる。学歴とは二つの意味を有している。一つは、小学校、中学校、高校、大学といったように、どの段階の学校にまで進学・卒業するかに関することである。二つ目は、どの学校を卒業したかに注目することにある。

特に最終学歴が重要で、その学校が名門校なのか非名門校なのか、あるいは有名校なのか非有名校なのかの違い、その学校の卒業生が有利な人生を歩むのかどうかに注目するのが、第2の意味での学歴社会である。

第1に関しては、できるだけ高い段階の学校を卒業すること、第2に関しては、名門校や有名校を卒業することが有利である。これら二つの成立している社会を学歴社会と呼んでよい。

戦前の日本であれば、高所得の家庭の子女しか旧制の高等小学校以上の上級の学校には進学できない、という不平等社会であった。

戦後の20~30年間はそれが続いたが、日本全体の家計所得が高くなると、その不平等性はかなり消滅した。戦前と戦後の双方において、人々が日本社会の特色と理解するのは、名門校や有名校を出た人が、企業、役所のみならず、研究、医療、司法といった他の業界において有利な人生を送る（良い職場に就けるとか昇進が速い）ことが可能という、第２の意味での学歴効果に関心が集まった。

学校での勉強のできる人が、上級学校へ、かつ名門校・有名校への進学に成功し、そのような学校を卒業した人が社会で優遇されるのである。そして、それを目指して多くの若者が競争の中に、意識的か非意識的かを問わずに巻き込まれたのである。

学歴社会を知ることによって、学歴社会あるいは教育重視社会のメリットがよくわかる。それは、17～18世紀のヨーロッパ社会を歴史的に振り返ると明らかになる。イギリスを例にとれば、当時の社会の指導者や国会議員・高級官僚は、大土地保有者や資産保有者などの貴族であった。一言で要約すれば、指導者層、上流社会層は世襲制で裏づけされた、身分制の時代だったのである。

そうであれば、たとえ有能な人であっても社会の指導者層には入れないし、逆にもし貴族の子弟が無能な人であれば社会の進歩は期待できない。そこで登場したのが、学校で高い教育を受けた人の良い仕事ぶりに期待する「メリトクラシー」の考え方である。

高い教育を受けて能力を発揮しそうな人を重用する制度の方が、世襲制によって選ばれた人に期待するよりもより公平な人事政策を行うことができる。その方が、社会の進歩にとってよいと多くの人が信じるようになり、学校教育制度が社会で存在意義を高めるようになったのである。

少し遅れてフランスもそれに続いた。ナポレオンによってつくられたエリート校のグランゼコールは、まさにその考えに近かった（フランスについては橘木（2015a）を参照のこと）。

日本においても似たことが発生した。明治時代の新政府において、政府の指導者は維新に功績のあった、薩摩、長州、土佐などの有力藩出身者で占められ、公平な人事は行われなかった。それを打破するために帝国大学をつくって、有能な人を出身藩にとらわれずに採用する手段を講じた。これこそメリトクラシーの日本版である。だが、日本において学歴社会のエリートに誰がなったかといえば、身分の高い人の子弟であったということを忘れてはならない。

また、明治時代に学歴社会が確立したのは、1885（明治18）年に第一次伊藤博文内閣の下での初代文部大臣であった森有礼《ありのり》の功績が大きく、彼による帝国大学（現東京大学）の創設が大きい。東京大学の歴史、そして盛衰に関しては橘木（2009）に詳しい。

帝国大学は最高峰の教育機関として、国の指導者、すなわち法律家、官僚、医師、技術者、教師になる人を育成することが目的であった。法律家は国が法治国家になるための基礎づくりにあたる人、官僚は国家の指導者として社会・経済を動かす人、医師は病気や疾病に苦しむ人を助ける人、技術者は工業の発展に寄与する人、教師は次世代の人の教育にあたる人、などであり、明治時代の日本は近代国家に向かうために、これらの人の養成が社会・経済の発展のために必要だったのである。特に、重要なのは官僚であり、社会と経済の発展のために、その先頭に立つ人として、官僚の養成に明治政府は熱心であった。

官僚になることが立身出世のシンボルとなった。そしてこのことが、帝国大学への進学、そしてその準備校である旧制高校への進学という受験戦争を生んだのである。

ここまで、学歴社会のメリットをみてきたが、一方で学歴社会では罪悪を生むこともたしかである。そのことを議論してみよう。学歴社会では、生徒は主要教科の学業に秀でていることが絶対条件である。すなわち、学科目で良好な成績を示す人が学歴社会では成功者となる。

第1に、人間の価値は、このような学科目の優秀さ、すなわち勉強ができることだけで決まっていいのか、という疑問が出てくる。学業、学問に強い人が他の資質にも優れている、という保証はない。例えば役所や企業のトップや管理職になって、指導者として組織を引っ張るには、強いリーダーシップのあることが条件となる。戦前の日本の役所、大企業では、たとえリーダーシップを保有している人であっても、学歴がなければ幹部になる道は閉ざされていた。

その証拠は、例えば役所の人事制度で確認できる。役所での採用は、戦前であれば「高等文官試験」にパスした人、戦後であれば「公務員上級試験、あるいは第I種職」にパスした人だけが幹部に登用されたし、多くの合格者が東大卒であった。民間の大企業であっても、役所ほど明確ではなかったが、役所と似たような人事政策を採用していたので、学歴主義は生きていたのである。

このような人事制度であれば、リーダーシップや他の資質に優れた人がいたとしても、高学歴ではないという理由だけで昇進の可能性が非常に低かった。これは学歴のない有能な人の資質を役所や企業が利用する機会を失っている、という意味で組織の効率性なり生産性を高めることにマイナスになっている。これが学歴社会の第1のデメリットである。

第2は、学歴の低い人が就職後、学歴社会の現実を知れば、自分の将来はない、すなわち役所や企業での昇進の可能性が低いと思ったのなら、一生懸命に頑張って働こうという勤労意欲が阻害される可能性が高い。

人間は必死に努力したとしても、その成果が報われそうにないと思えば、多くの人は意欲を失うのが普通である。役所や企業の生産性は、まだ昇進していない若い人や中年の人の高い勤労意欲が大切なので、その勤労意欲が学歴社会であれば期待できない。

ただし、後に強調することであるが、民間企業にあっては戦後の高度成長期の頃は、これの妥当しない例外の時期であった。ほぼ全員が貧乏な生活だったので、懸命に働いてできるだけ高い賃金を得たいと希望していた。高い賃金が支払える企業になるには、労働者全員が頑張ることが必要と判断していたので、高学歴者、非高学歴者そして管理職、非管理職、ホワイトカラー、ブルーカラーを問わずに、この時期には全員が高い勤労意欲を持って働いていたのである。

しかし、ある程度の経済成長を経て、人々の賃金・所得が上昇し生活にもゆとりが出るようになり、勤労に嫌気がさして頑張らなくなる人が出現しても不思議はない。

第３に、役所や企業において高学歴の人が実力を発揮できる部署は確かに存在する。例えば、研究開発の部門、生産コストの低減に励む技術部門、総務・法務・人事・経理・経営企画といった管理部門などで働く人には、高い学識なり経験が必要である。

ところが部署によっては、高い学識を必要としないこともあるし、むしろそれが邪魔になる部署もある。代表として購買、販売などの営業部門、および製造における現場部門が挙げられる。

営業の部署で業績を上げる人には、性格が明るい人、たとえ営業活動に失敗しても、くよくよせずにひたすら努力のできる人、体力なり持久力の強い人、自尊心を覆い隠すことのできる人、といった人が多い。製造部門であれば、日常繰り返される比較的単純で肉体を使う業務に飽きない人、不良品を出さないような注意の行き届く人、などが条件となる。逆に高学歴の人には、これらの素質に欠ける人が往々にして多い。

今では役所や企業も、ここで述べたようなことをよく知っているので、職場での配置を適切に行っていると思う。しかし、時には間違うこともあり、そうなれば役所や企業の生産性は低下する。さらに現代のように、大学入学者の数が同一年齢人口の半分を超している高学歴社会であれば、間違える人事配置をする可能性が高まる。そうすると大学卒の全員を高学歴保有者とみなすこと自体も間違いかもしれない。

第4に、第1と第3に述べたことと関係することであるが、大学卒業者、特に名門・有名大学卒業者が優遇される学歴社会の中にいるのだから、高学歴保有者があたかも自分の能力が高いと錯覚して、一生懸命働こうとせずにボヤッとしていても、役所や企業で昇進すると思い込むことである。

このようなことは、役所や企業の生産性にとってマイナスとなりうる。さらに、高学歴であることを鼻にかけて、日頃のつき合いで上役、同僚、部下に不快感を与えることも時にはある。これはエリートなり指導者が高慢な行動をすることと似ており、高学歴社会のデメリットといえるだろう。

第5に、学歴社会というのは学業に強い人が報われる社会である、ということを国民一般に思い込ませる効果があり、そのことが国民の多くに学校での勉強の出来・不出来が人生の成功・不成功を決めかねない、という神話を生むデメリットがある。本来ならば勉強嫌いの人にまで、勉強を強いることがありうる。そういった人は、学業以外の分野で精を出して、その分野で強い人になった方が社会への貢献度は大きいのではないか。

第6に、学歴社会は教育ないし学力で選抜しているので、一見、公平と理解できるかもしれない。だが、実際に高い教育を受けた人は、親が恵まれた社会・経済上の地位にいたからだ。あるいは親の所得が高く、塾などに通うことができたので、そうでない人よりも高い教育を受けられた、という機会不平等も無視できない。これに関しては、例えば橘木（2013b・2017a）を参照されたい。

勉強という努力の成果は、就職には有利だが……

実は筆者は、名門校・有名校を出た人は企業に入社する際にはやや有利である、という制度に関してだけは、さほどの抵抗はない。

企業が新入社員あるいは新卒者を採用するとき、その志願者の将来の働き振りについて、特に新卒者に関してはわからない。どの学校で学んでいたか、学業以外の部活動などで何をしていたのかしかわからない。

激しい受験競争を勝ち抜くには、人は勉強という努力を一生懸命せねばならない。名門校・有名校に入学できた人は、大いに勉強という努力をしたからである、と企業の採用担当者が想像しても不思議はない。

そこで企業は、このような努力をした人は、企業においても働くという努力も確実に行うと予想して当然である。もとより、学校での勉強と企業での労働という努力は性質が異なるので、勉強で頑張った人が企業でも頑張るかどうか、100パーセントの保証はないし、努力の成果が企業で実るかどうかもわからない。既に述べたように名門校・有名校の出身なので企業・役所は自分を優遇するだろうと予想して、働くことを怠ける人も中にはいるだろう。とはいえ、努力をするという性向の強い人であれば、社会に入っても努力する可能性は高いと予想できるので、企業・役所が名門校・有名校出身者を優先的に採用するインセンティヴはある程度容認できる。

もう一つの有力な証拠は、これら名門校・有名校の出身者は、その企業において良い仕事をする確率が高い、というこれまでの統計資料を持っている可能性がある。

一昔前には「指定校制度」というのがあって、企業が新卒を採用する際に、その企業の入社試験を受けることのできる大学を限った制度である。特に上場企業や大企業に多い制度であったが、それを設けた理由はまさに既に述べた事情にある。名門校・有名校出身の人には間違いの可能性が低いということと、なんとなく頭が良さそうだという判断もあった。しかし「指定校制度」というのは公平ではないという批判の声が大きくなり、それを表立っていうことはなくなったが、現在でも、陰に陽に生き残っている。

重要なことは、採用に際して学歴を用いることに問題はないが、採用後は「○○大学卒」を人事記録から削除して、入社後の働き振りだけに立脚して、その人のキャリアなり昇進を決定するという、能力・実績主義に徹するのが肝心であろう。

ここからは、能力・実績主義をやや詳しく解析していこう。能力を測るには、ある人がある仕事を遂行する上で、その仕事をやり遂げるにふさわしい潜在力に注目する。

例えば、通訳なり翻訳の仕事であれば、外国語の学識なり会話力、あるいは日本語をどれだけこなせるかとか、その外国の文化・政治・経済などの知識をどれだけ保持しているか、などが能力となる。新製品開発の仕事であれば、理学や工学の学識がどれだけあるか、関連する製品の使いやすさや、製品の材料の質や価格にどれだけ精通しているか、手先は器用であるか、といった様々なことが能力の指標となる。

まとめれば、ある仕事を実行、特に首尾よくこなすにふさわしい潜在的な実力を、どれだけ持ち合わせているかが能力である。

高い能力を保持するには、教育・訓練がしっかりなされていなければならない。高い教育・訓練を成就するには、学校教育や訓練期間で十分な修業をしなければならない。高い能力を持った人に報いるために、企業はそういった人の賃金を高くする。すなわち大学卒よりも大学院卒、高卒よりも大卒、中卒よりも高卒の賃金が高いのは、このことが作用している。

さらに、高い能力を兼ね備えた人の数は多くない。他の企業と競争してそのような人を採用するためにも、高い賃金が必要である。そしてもっとも重要なことは、能力の高い人は仕事の質も高いし、企業・役所への貢献度も高いだろうから、これも高い賃金を支払う根拠として妥当性が高い。

次は実績である。企業や役所において、その人がどれだけの成果を上げたかである。販売職の人であれば自社の製品をどれだけ売ったか、研究開発の人であれば、企業の新製品として売れる製品の開発にどれだけ成功したか、費用節約のための技術開発にどれだけ貢献したのかであろう。それは目によくみえるし、数字として比較的容易に把握できるので、実績評価にさほどの問題はない。

問題は、数字として明確な評価のできない仕事である。仕事が単独でなされたのか、それとも複数人でなされたのか。複数人であっても、それぞれの人の貢献度は多分異なるだろうから、それをどう個人別に評価してどう処理すればよいのか、といった問題は無視できない。さらに、販売量や生産量とは関係なく、例えば先輩社員や先輩工員が後輩に技能を教えて、後輩の人の生産性が高くなった貢献をどう評価するか、といった難題が残っている。いわゆる目にみえない、あるいは測定の困難な実績や貢献度の評価の方法である。

これまでは測定の困難な仕事の評価を避けることを重視して、たとえ計測可能な成果であっても測定をやらずに、あるいは測定してもそれを用いなかった。例えば、処遇決定の基準として年功序列制を採用したのが日本の企業と役所であった。

年功序列制のメリットはある。年齢や勤続年数という計測の容易な指標に頼ろうとしたし、年功序列制はすべての人を平等に処遇するので、人々の好感度・支持率も高かったのである。平等志向の強い国民という特色の反映でもあった。

さらに加えるなら、日本が貧しい時代だったので、能力・実績主義によって人々の賃金や所得に差をつけると、低い賃金・所得の人は食べていけるだけの収入がない、ということが起こりえた事情を避けようとした動機も窺える。これが日本における生活給制度の存在意義であった。若い人よりも中・高年の人の方が生活のために必要な資金量は大きいだろうという事実に適応したのが、生活給制度である。

高度経済成長期が終了する時代まで、日本では年功序列制が企業と役所の人事制度であった。だが、そこでも労働者の働き振りの評価は、かなり実施されていたことを忘れてはならない。

企業と役所では、中間管理職やトップに昇進させる人を決めねばならず、賃金という金銭的な処遇は年功制であったが、どの人が有能で頑張るか、そしてそうでない人は誰であるかをしっかり観察していて、それら働き振りの良い人を上の地位に昇進させようとした。地位は上に行くほど数が少ないので、どうしても選抜が必要だし、誰を昇進させるかを働き振りからみていたのである。同時に名門大学や有名大学卒業者が昇進に有利であったという事実も記憶しておきたい。

そこで重要なことは、職場の地位による賃金・所得格差を大きくつけない方針を貫いて、賃金・所得の平等性だけは保持していたのである。当時の企業の社長、役員、中間管理職などの報酬はそれほど高くなく、そのことを上に立つ人も下にいる人も不満に思わなかった。所得の平等は好ましいこと、という認識を多くの国民が共有していたし、忘れてならないことは、平等性の高いことでほぼ全員の勤労意欲を低めることがなくなったし、皆が一生懸命に働いたからこそ、日本経済は成長率が高かったのである。

そして日本経済も成長を重ね、家計所得が増加し、たとえ賃金や所得に多少の差を設けても、低い賃金・所得の人が食べていけないという時代から脱却できた。さらに高い能力や実績を示す人が、それにふさわしい処遇を受けていないという事実に不満を持ちはじめた。そして有能で頑張って働く人や実績の高い人に高い処遇、そうでない人への低い処遇は、企業や役所での利潤や生産性を高くする効果がある、という経営学上の論理を信じる人が増加する時代になったことも大きく影響した。

こうして能力・実績主義への期待が高まったし、現にそれを導入する企業や役所が増加した。しかし役所はまだまだで、やっと能力・実績主義を検討しはじめたり、あるいは少し導入するケースがあるという現状にすぎない。

例えば、橘木(2015b)においては、企業が賃金・昇給の決定を年功制から能力・実績主義に転換している実態が示されている。さらに、学歴についても経営者や中間管理職という幹部において、まだ名門・有名大学卒は多いが、その比率は減少傾向を示しており、非名門・非有名校卒が増加している。学歴主義の低下と能力・実績主義の浸透は、民間企業では確実に進んでいる。

社会での努力と実績をどのように評価すればいいのか

最後に、仕事における努力と実績の評価である。

働くことの努力とは、企業や役所においてその人がどれだけの意欲と気力をもって、仕事に励むかである。さらに、その仕事を遂行する際に、自己がどれだけの準備を行い、かつ仕事にどれだけ熱心に取り組むかである。

これは、その人の性格に依存する面があるし、その仕事がその人の資質や経験に左右される面がある。企業や役所では、人事配置を行う際、その人の能力、性格、経験、そしてその人の希望に応じて適材適所の人事政策を行う必要がある。

一番問題になるのは、本人が努力を重ねても実績の伴わないときである。たとえ実績は伴わなくとも、努力をしたのだから努力だけを評価して、その人に高い評点をつける政策はありうる。

しかし、例えばプロ野球の世界において、猛練習という努力を重ねた選手であっても、投手や野手として、実績（勝敗数、打率やホームラン数、守備率や盗塁数など）が伴わなければ、昇給はまずありえない。むしろ実績が悪ければ解雇や減給が避けられないほどの実力主義である。

普通の企業や役所の人事において、プロ野球のような徹底した実力主義を実行する組織はさすがに多くない。むしろ努力をしたことへのご褒美として、たとえ実績が伴わなくとも、ある程度の好評価を人事として行うことがあるし、降格や減給をしないことが結構ある。それは運が悪かったのであろうとみなす場合か、人事政策上でのミス配置と理解して、次への期待料を込めるときである。あるいは多少の罰を兼ねて、努力を大いにしたことは確実であっても、失敗したときには降格や減給も、たまにはあろう。

実績の評価については既に述べたので、ここでは、どのような評価をすれば労働者の納得を得られて公平と判断するだろうかを考えてみたい。業績の判断が数字で明確にできる職種（営業職など）はそう問題ないが、それが把握できない仕事や職種はどうだろうか。

有効な方策の一つは、評価者を数人の上役だけに限定しないことだ。同じ仕事をしている同僚や部下として働く人までを含めた、かなりの数の評価者を設けるのがよい。職場を同じくして毎日仕事をしているのであるから、たとえ成果が数字で明確に算定できなくとも、その人がどれだけ頑張っているのか、どれだけ怠けているのかは、みなわかっていると思われる。実は、同僚や部下の評価は日頃よくみているだけに、信頼性も期待できる。

これらは主観的な評価だからこそ、誤差が大きいという欠点があるのは避けられず、その欠点を補うために、大勢の評価によってその誤差を小さくできるメリットに期待するのである。

もう一つ大切なことは、これら大勢の者によって高い評価を得た人は、昇進したり賃金を上げてよいが、評価の低かった人に対しては、職場を異動させて、これまでの仕事と異なる仕事についてもらうことをできるだけ考えた方がいい。再チャレンジを認めた方がいいということである。その仕事をこなす潜在的な能力を持ち合わせていないとわかれば、本人の能力を生かせるような仕事・職場を用意することが重要である。

まわりにいる上役、同僚、部下との人間関係で問題がある場合も、成果の上がらないことが多い。その人間関係の悪さが、本人の責任に帰する面が多いとわかれば、職業心理学に強い人のアドバイスを受けて、その人の性格や働き方の変化に期待せねばならないが、他人の責任に帰するところがあれば、職場の異動が必要である。

第5章

運

——運・不運を探求する

1　運をどう生かすか

「運も実力のうち」を様々な角度から解釈すれば……

「運も実力のうち」という言葉は、よく使われる。特に、成功者が発することの多い言葉で、自分は才能もあり努力もしたので成功したのかもしれないが、それを成功の原因として自己表現するのは後ろめたいので、謙虚にそう述べることがある。

あるいは、自分の才能に合致した職業を選択した要因、そして、それへの努力の道に歩ませた要因の一つとして、「ひらめき」などがあったからで、その「ひらめき」こそが運としかいいようがない、という意味があるのかもしれない。では、なぜ「ひらめき」が起きたかといえば、才能があったからこそかもしれないし、努力したことによって何をもっとせねばならないかを認識できたからだ、との解釈も可能である。

一方で「運も実力のうち」は、逆に失敗した人やうまく事を進めなかった人から、発せられることもある。自分は成功を得るために努力を重ねたけれど、不幸にして不成功に終わったのは、自分に運がなかったからだし、運を呼び込むだけの実力を発揮できる才能がなかったか、努力する方法が間違っていたからだ、という解釈もできる。

もっとも別の解釈もありうる。例えば、格別に知能の高く頭の良い人、身体的かつ運動能力に格別優れて生まれた人、格別に美しい容貌で生まれた人などは、学者・研究者、スポーツ選手、映画俳優などとして大成功する可能性がある。これらは、運よく格別な才能を持って生まれた人であるが、努力をしなければその才能を生かしきれないことはよくあるので、運を生かすためには努力をせねばならない、という教訓につながる。能力を持って生まれた人に、努力の道を促しているのも「運も実力のうち」の拡大解釈と理解できる。

一つの例を示して、「運も実力のうち」をわかりやすく解説しよう。

企業や役所、あるいはあらゆる組織において、働く人にとってみれば地位の昇進というのは人生上で大きな事象である。企業であれば、平社員から係長へ、係長から課長、そして部長へ、部長から役員、社長へという昇進である。昇進すればするほど部下の数は増加するし、給料は上がるので、普通の人であればそう願うものだ。日本の企業や役所であれば、勤続年数も大切であるが、仕事上の実績というのも重要である。

ここで運が作用する。第1の運は、ある人の昇進を決めているのは直属の上司か、そのまわりにいる上司かである。誰が自分の上司になるか、というのはかなりの程度でもって運で決まる。自分に好意を持ってくれる上司、自分の仕事振りを正当に評価してくれる上司に遭遇するのは運が相当作用するし、その上司が実力者なら、引き上げてくれる確率も高まるので、誰が上司であるかは運次第である。

しかし、ここにも努力が役割を演じることがある。現在の上司は実力者ではないので、たとえ、自分が好成績を残していても抜擢される可能性は低いかもしれない。しかし、大変な努力を重ねて仕事上で抜きんでた業績を示しておれば、その事実は、その組織の中でどことなく自然と広く伝わり、いずれ他の部署にいる実力者の耳にも入る可能性が高い。そうすると、その実力者の上司は、彼を、今いる部署から引き抜く行動に出るかもしれない。実力者の上司の下で働くようになったら、業績を示した人の将来は、非常に明るいのである。

才能や努力の欠如を無視すれば、運は巡ってこない

運とは、自己の意思だけではどうにもできない巡り合わせ、と理解した上で、うまく対

処するための方策、ないしは心構えをいくつか箇条書きで指摘しておこう。

第1に、運だけに頼ることはやめるべきである。運だけに頼る手段として、例えば祈禱などのような神頼み、あるいは宗教上の儀式に即してひたすら祈る、さらには慣習やしきたりに忠実な行動をとる方法は、気休めになるかもしれないが、それだけで物事を成就できる可能性は極めて低い。

第2に、自分で、できるだけの努力をするというのが、運を呼ぶための前提条件、あるいは必要条件であることを再認識したい。とはいえ、努力もせずに運だけで成功する人も中にはごく少数ながらいる。

わかりやすい例は、「宝くじ」や「ギャンブル」で勝利をつかむときである。しかし、「宝くじ」であっても、例えば数人で資金を出し合ってくじを多く買い、当たった賞金額を皆で分ければ、リスクは確実に小さくできる。「ギャンブル」においても、どういう取り組みをすれば勝てる可能性が高まるか、という学習を続けることも可能である。これらは努力と称してもよい。なおリスクについては後に詳しく考える。

第3に、運悪く失敗することがあったとしても、決してくじけないこと。なぜ不成功で終わったのかを冷静に分析して、失敗の原因を突き詰めた上で、その原因を二度と繰り返さないようにする。そして、その原因の発生を再発させないための手段を新しく考えて、その新しい手段を実行に移すために努力することが肝心である。

とはいえ、実現不可能な夢を抱いている、とまわりから判断されるようなことに、何度も挑戦するのはやめた方がよい。きっぱりあきらめて、自分の能力に合った新しいことをやりはじめるのも必要である。

第4に、自分が得意とすること、あるいは長所が何であるかを長い人生経験の中からみつけ出すことは重要である。長所を生かすことに集中すれば、その効果は大きいのであり、きっと成功の確率は高まる。しかし、長所をみつけることだけでは不十分なので、長所を現実の人生において、いかに活用できるか具体的な方策を編み出して、それを実践しなければならないと付言しておこう。

第5に、これは教訓ではないが、失敗を運のせいにすると、心のダメージを小さくできるメリットのあることを知っておこう。人は自分の能力と努力に応じていろいろなことを行うが、それが、たとえ失敗に終わったとしても、その原因を能力のなさや努力不足に求めるよりも、運が悪かったからだと単純に思えば、今度もう一度トライすればうまく進むかもしれないと思わせる可能性を高められる。あるいは、次回は運の良いことが起こるかもしれないという気にさせるので、再チャレンジを促すのである。

しかし、ここでの記述には、諸刃の剣という側面もある。失敗の原因を運だけに帰して、自分の才能や努力の欠如を無視すると、再度トライしても、また失敗する可能性が高い。何もせずに、運だけに期待する再チャレンジには多くを期待できない。

もとより次に述べるように、リスクという現象にはいろいろな特質があるので、どうすれば失敗を防げるのかを冷静に分析して、判断する必要がある。そして才能の不足に原因があれば、あきらめて別の新しいことを考えるのが好ましいし、努力の不足に原因があるのなら、再び努力を効率的に行って、再度チャレンジする価値はあるだろう。

運、不運、そしてリスク……

運が悪くて失敗することに関連づけると、その行為はリスクの高いことへの挑戦であったとも解釈できる。人間社会には様々な現象が発生しているが、予期せぬときに起きる、あるいは不意に発生する悪い現象を、リスクと総称する。

自然現象では、地震、台風、雷、雨、干ばつなど様々であるし、人間にとっても死亡、病気、要介護、犯罪、失業……、社会全体としても戦争、テロ、交通事故、爆発事故など様々である。金融・経済における問題であれば、株価、為替、金利の変動リスク、価格や土地の値段の変化もリスクとみなしてよい。

これら無数に発生するリスクを、イギリスの社会学者であるギデンズは、人間の作為と無関係に降りかかるリスクを「自然的リスク（natural risk）」、人間の手が加わったリスクを「人為的リスク（manufactured risk）」と区別した。前者は不特定な多数の人に起こるリスクであるし、後者は特定な人や関係の深い人に起こるリスクである。

リスクにまつわる話題として、いろいろなことがある。

第1に、リスクは不確実に発生する事象であるが、種類によってはあらかじめ発生の予想できる不確実性と、発生の予想できない不意に発生する不確実性の2種類がある。前者は例えば、労働から引退して賃金・俸給がなくなる事象、後者は原子力発電所の事故や地震、交通事故など数多くある。

第2に、ではこれら2種類の不確実に発生するリスクに対して、その責任を誰が取り、誰が補償をするかが問題である。本人、事故を起こした人、企業、国家など様々である。

第3に、人間の知恵というのは素晴らしく、リスクが発生したときの被害を補償する目的で、保険制度というものを生み出した。生命保険、損害保険、医療保険、失業保険など多くの制度がある。

リスクの高まる時代となり、不確実（uncertain）に発生するリスクに対して、例えば環境汚染や放射線被害などに対して、学問的な分析も高まってきたといえよう。

さらに社会学者ルーマンのいうように、近代化によって人々の選択肢が無数に増加したことによって、自由度は高まったが、その成果が必ずしも期待通り進まないときがある。このようなリスクの多い社会を、「リスク社会の到来」と呼んだ社会学者ベックの言葉が有名である。自然科学者、工学者も未然に事故を防ぐための技術開発に努めるようになった。

危険回避度、時間割引率から運やリスクを考える

リスクに関することでは、経済学からの貢献に大きいものがある。例えば、経済生活を苦しめることになる失業、病気、要介護、引退を含めた勤労の不可能など、様々な現象に対する保険制度や社会保障制度の創設、整備、そしてこれらの現象を解決するための理論や政策を提唱してきた。

不確実に発生するリスクに関しては、確率論の助けを借りて、経済学は危険回避度とか時間割引率という概念を用いて、運やリスクを考えようとした。そこで、これらをわかりやすく解説するために、人間の行動から考えてみよう。これらに関しては酒井（2006）が参考になる。

危険回避度というのは、将来に起こりうるリスクの発生に対する対処の仕方のことである。できるだけリスクを避けようとする人を危険回避的な人と称し、逆にリスクに果敢に挑戦する人を危険愛好的な人と称する。わかりやすい例は、株価の変動は大きいが、大きな得や損を避けるために株式を持とうとしない人が前者、大きな得を目指すが大きな損をも受け入れるべく、株式を持とうとする人が後者である。

日本人とアメリカ人を比較すれば、日本人が危険回避的、アメリカ人が危険愛好的とされる。日本人は株式を持とうとする人が少ないが、アメリカ人は株式を持とうとする人の多いことは統計が物語っている。

性別で比較すれば、男性が危険愛好的、女性が危険回避的とされる。ギャンブルへの好みの差で男女差がわかる。年齢で区別すれば、若者は危険愛好的、高齢者は危険回避的とされる。とはいえ、これらの差は平均的な差であって、個人差が非常に大きいので、個人によって危険回避度は異なると理解するべきである。

時間割引率とは、将来のことを現在に割引く割合のことである。わかりやすくいえば、将来のことよりも今が大切（あるいは今を楽しみたい）と考える人は、時間割引率が高く、逆に将来のことを考えて行動する（あるいは将来に楽しみを延ばしておきたい）人は、時間割引率の低い人とみなすのである。

人間の「せっかち度」を測るモノサシであるとも称される。人間の消費行動を考えれば、前者であれば今のうちに多くの消費をして貯蓄を控えようとするし、後者であれば今の消費を犠牲にして貯蓄を多くし、将来に多くの消費をしようとする行動につながる。

数多くの実験によると、男性の方が女性よりも、未婚者の方が既婚者よりも、低所得者の方が高所得者よりも、時間割引率の高いことがわかっている。

危険回避度と時間割引率に関して、このような性質がわかっていると、一生涯にわたる経済生活のありかたや政策運営に関して多様なことが主張できるが、専門的になるのでここでは述べない。

最後に、有名な古今東西の格言を紹介して、人がリスクにどう向きあえばよいと考えてきたのかを知っておこう。ついでに有名な発明王、エジソンの言葉も書いておきたい。

・危険回避的な格言
　君子危うきに近寄らず
　石橋をたたいて渡る
　卵を一つの籠に盛るな
・危険愛好的な格言
　虎穴に入らずんば虎児を得ず
　失敗は成功のもと
・エジソンの言葉
　失敗したわけではない。それを誤りだといってはいけない。
　勉強したのだといいたまえ。
　私たちの最大の弱点は、あきらめることにある。
　成功するのにもっとも確実な方法は、常にもう一度試してみることだ。

2　生まれながらの容貌で決まる運・不運

容貌も運の一つ

運を題材にすれば、頭の良い人、あるいは身体・運動能力の優れた人、親が裕福な家庭に生まれた人、その人たちは運が良かったとみなせる。

一方で、そうでない人は運が悪かったと思うだろう。自分の生まれながらの素質や家庭環境は自分で選択できないだけに、神の思し召しとして人々はそれほど問題にしなかった。とはいえ、こういう不運な人にそのままハンディを背負わせておくのは酷というか、機会の平等という多くの人が賛同する原理に反しないように、学問の世界においても様々な対策なり提言がなされてきた。

人がどのような容貌で生まれてきたかも運の一種であるが、この運に関しての学問的分析は避けられてきた歴史がある。一つの原因として、人々の容姿に差はあったとしても、その差を修復なり是正する方策はさほどないし、その価値もさほどないとみなしている。

もう一つの理由として、顔の美醜は人の心の奥にまでグサッと突っ込むことなので、なかなか公《おおやけ》での議論にならなかった。

日本では一部に、例えば井上（1991）など、美人に関する論調はあるが、これらは誰が美人か、美人の歴史といった話題が中心であった。経済学の分析として「美醜の格差は収入差につながるか」とか、社会学の分析として、「美醜の差は職業決定に影響があるか」といった話題はほとんどなされてこなかった。これらの話題にはタブー感があったことと、分析のための統計や資料のなさがその原因であった。

だが、経済学の最先端を行くアメリカではそうでない。例えばハマーメッシュ（2015）などで代表されるように、容貌の格差を経済学的に分析するのは盛んなので、それに触発されて本節でもふれてみたい。

ハマーメッシュなどの最大の関心は、容貌格差が所得格差をどれだけ生むかであるが、ここではそれに限らず他の側面にも関心を寄せる。

容姿のあいまいな評価と恐ろしい事実

実は橘木（2008）は先駆けとして、その書の第9章において美人と不美人の格差を論じたことがある。猛反発を受けるかもしれないと恐る恐るの執筆であったが、容貌格差に関しては意外におもしろいという評価であった。

男性（著者）による女性の美人論だったので、やや一方的な論述であったかもしれないが、そこでの一つの結論は、人間の容貌というのは人の見方と好みによって異なる評価なので、すべての人が納得する美人（ないし美男）というのは多少いるかもしれないが、大きな問題ではないというものであった。その根拠として次の四つを記した。

第1に、筆者がアメリカにいたとき、友人のイギリス人男子学生から次の言葉を学んだ。"Are you a leg man, or a face man ?" という表現である。

男性が女性をみるときに、女性の脚を先にみるのか、それとも顔を先にみるのかを問うたものである。脚の美しい女性、すなわちスタイルを好むのか、それとも顔の美しい女性を好むのかに関して、西洋の男性がどこにまず注目するのか、男性同士の会話からも美人の定義は様々なのである。

第2に、経済学者ケインズの有名なたとえ話として、美人投票の話がある。美人コンテストにおいて、何人かの審査員が投票によって複数の候補者の中から美人を選出するとき、審査員は自分が美人と思う人に必ず投票するかといえば、必ずしもそうではなく、他の審査員が多く投票しそうな女性に、その審査員も投票するだろうという論理である。

株式投資を説明するときに、この美人投票の原理はよく使われる。ある企業（美人と考えてよい）の株価は、多くの投資家（審査員と考えてよい）が購入すれば高くなる。一人だけ（特定の審査員）の購入（すなわち投票）であれば、株価は上昇しないわけである。従って、他の投資家（多くの審査員）が購入しそうな企業の株を自分も購入（すなわち投票）する方が、株価の上昇によって利益を得ることができる。ここは、自分が美人と思う女性には投票せず、他の審査員が投票しそうな女性に投票する行動が合理的なのである。

このケインズのたとえ話は、自分好みの美人と他人の好みとする美人との差に注目したわけで、人によって誰を美人と思うかは、千差万別という事実を暗示していると解釈できる。

第3に、これも留学中の経験であるが、アメリカとヨーロッパに長期滞在したが、欧米の男性が日本女性と結婚する場合、必ずしも筆者自身が美人と思う女性と結婚している場合が多くなかった。結婚相手の欧米男性は、彼女たちを美人として声を大にして賛美していたので、不思議に思うことが多かったのである。

一方、筆者が美人と思う日本女性が、逆に欧米の男性から見向きもされないことがかなりあった。この話題で、他の日本人男性に問うてみると、ほぼ全員が賛成したので、人によって美人の基準はかなり異なるということを実感したのである。

第4に、誰が美人であるかは時代によっても異なる。例えば、平安時代ではやや下ぶくれのふくよかな顔だったし、江戸時代では浮世絵で代表されるように、やや面長なうりざね顔だった。現代では目鼻立ちの整った西洋人風の顔とされることが多い。美しい人とは時代による差があるので、定説はないとみなした方がよい。

以上、やや個人的な体験に偏向した容姿に関する評価、あるいは美人の定義はむずかしいといった消極論かもしれない。

日本においても、一般論として美人の定義の困難性は認識されているのではないだろうか。男性にしろ女性にしろ、確かに映画俳優などのように衆目の一致する美男・美女は存在するが、普通の人からすると美男・美女の基準はかなり異なると思われる。そこには個人の好みが反映されるので、誰を美しいと思うかは千差万別とみなしてよい。

ところがである。アメリカやカナダの研究によると、男女とも美醜の評価は誰がそれを評価するかに関係なく、ほぼ大方の合意でもって美しい人、醜い人が決まって評価されるという事実が、ハマーメッシュ（2015）によって主張された。すなわち、誰かが美しいとか平均より上という容貌の評価は、おおよそ他の人にとっても同じ評価だし、逆に醜いとみられる人は誰にとっても醜く映る、という過酷な現実が統計を根拠にして主張されたのだ。

統計といっても、そこは主観に満ちた統計なので割引く必要はある。評価者はある特定の人の容貌を1点（醜い）から5点（美しい）までの5段階評価、あるいは10段階評価で得点を決めて、各評価者の得点を分布でみると、その分布が一致している確率が高いという事実から、そういう主張がなされるのである。すなわち美しい人はほとんどの人が美しいとみなし、逆に醜い人も同様である。

身長や体重、あるいは所得や学業成績、会社の売上高や利潤といった確固たる数値での客観的評価ではなく、1から5、あるいは1から10という主観的な評価なので、誤差なり恣意性は残るが、幸福度の分析もこのようになされているので、やむをえないことである。

表5－1はアメリカの1970年代における評価である。平均的な容姿（すなわち3点）に最大の分布が集中していることがわかる。さらに男女ともに平均より上（4点）が平均より下（2点）よりも比率がやや高いのである。以上のことは、我々の常識に合致する見

表5-1　容姿の評価

	女性	男性
すばらしくハンサムか美人(5点)	3%	2%
容姿がよい(同じ年齢や同じ性別で平均より上)(4点)	31%	27%
同じ年齢や同じ性別で平均的な容姿(3点)	51%	59%
見るべきものなし(同じ年齢や同じ性別で平均より下)(2点)	13%	11%
醜悪(1点)	2%	1%

アメリカにおける生活と雇用の質の調査
1970年代における18歳から64歳のアメリカ人を対象（割合での分析）
注：1495人の女性と1279人の男性に関する原データを集計
出所：ハマーメッシュ（2015）

方といってよい。

一方で、すばらしくハンサムか美人が2パーセントと3パーセント、醜悪が1パーセントと2パーセントと分布しており、他の研究成果をも参照しながらハマーメッシュは、次のように結論づけている。

男女を区別すると、男性に比較して女性は特別に美しいとか、とても醜いと評価される割合が少し高いのである。

ハマーメッシュの書物には我々大学教授に関して恐ろしい事実が紹介されている。現代の大学では、学生による先生の授業評価が一般的になされているが、教授の容姿の美醜と授業評価に正の関係がある、という研究が、カナダのオンタリオ州の大学、アメリカのテキサス大学などの調査で示されている。先生の容姿が良いと、その先生は良い授業を行っている、あるいはいい先生であるとの評価を受けるのである。

本来ならば、教え方はその先生の容姿と無関係なのであるが、評価者は被評価者の容姿という第一印象で、いい先生であるとの先入観を持ってしまうと、示唆しているのである。

美貌が得である、そのわけとは……

人が美しい容姿を持って生まれれば、他人よりも有利な人生を送れるか、ということを考えてみよう。どういう点で有利なのだろうか。

第1に、誰でも思いつくことであるが、異性とのつき合いや接し方において有利に作用する。俗にいうところの「異性にもてる」割合が高まるのである。多くの男性・女性が恋愛の相手として、あるいは結婚の相手として、容姿の良い人を求めているので、美しく生まれれば異性からもてる確率は高まる。もてるということは、近寄ってくる人が多いので、選択肢が広がり、自分の価値を高く売ることができると考えてよい。

なぜ有利に作用するかといえば、美貌であるという武器を備えているので、経済学でいうところのバーゲニング・パワー（すなわち交渉力）が高まるメリットは大きい。現代の日本であれば、例えば橘木・迫田（2013）で示されたように、男性の方が女性よりも相手の容姿にこだわる確率が高い。美人には男性が多く近寄ってくるので、女性からすると相手の選択肢が多くあるといってよい。

たとえその女性の知性や経済力が高くなくとも、相手の男性の体力、知性、特に経済力において、それらに高いものを持っている男性を選択できる資格が美人にはある。

また、プロスポーツの選手や若手経営者、医者の男性の妻には美人の多いことはよく知られている。プロスポーツの世界はやや特殊としても、身近にいる医者を考えても、医者の所得が高いことはよく知られている。結婚紹介所において、男性医師の入会金は無料であるし、女性からの希望相手の職種としてナンバーワンは医者であることがそれを物語っている。男性の医者と出会えるような、お見合いパーティが社会には存在しているのでそれがわかる。

第2に、恋愛や結婚を無視しても、美しい容貌は経済的な成功を生む原動力になりうる。例えば、俳優、モデルといった芸能の世界では美男・美女が有利であることは間違いないし、成功すればかなり高い所得が稼げる。芸能の世界のみならず、他の職業でも美しい容貌の人が優先的に採用される。一昔前であれば航空会社のスチュワーデス、今でいうフライトアテンダントである。現在であれば女性アナウンサー、男性であれば語学教師などで美男が採用されやすいのである。

ここで述べた特殊な職業のみならず、ごく普通の職業においても、容貌の美しい人はそうでない人より採用される確率が高いのではないか。例えば、セールスに従事する人にとっては顧客に接する機会が多いので、美しい人は感じよく映るのであり、企業の採用比率は高いであろう。さらに、セールスという職務においても、売買契約の成功する確率は高いという事実が報告されている。

アメリカでは、化粧品セールスの売り場では美貌の女性の売上高が高く、弁護士の世界でも美男・美女の活躍ぶりが目立つとされる。日本の野球場でのビール販売額は、可愛い女性の方が金額が高いと報告されている。これはビールを買うのが主として男性だからである。

容姿の差が職業での採用比率、そしてビジネスでの業績に差が出るのであれば、それが所得差に反映されるのではないか、と当然のごとく予想できる。アメリカではこれに関する実証研究がなされているので、一つの証拠を示しておこう。表5-2はアメリカでの結果を示したものである。

この表の意味するところは、容姿の良い男性は4パーセントのプレミアム、悪い男性は13パーセントのペナルティを受けており、容姿の良い女性は8パーセントのプレミアム、悪い女性は4パーセントのペナルティを受けているのである。表には出していないが、男性では容姿の良し悪しによって17パーセントの収入差、女性では12パーセントの収入差であるとハマーメッシュは示しているので、かなりの所得差が生じている。興味深いのは、女性よりも男性に容貌による収入差がより大きいことにある。

日本ではこの種の研究が存在しないので比較はできないが、市場原理主義の本家アメリカであれば、何らかの良い特性を持っている人（美形の人）はハンディを背負った人（醜い人）よりもかなり高い賃金・所得を得られるのである。

もとより、容姿の差によって非常に大きな格差があるとはいえず、むしろ教育や職業による所得格差の方が大きい事実を忘れてはならない。かといって無視してよい影響力ではない。

なぜ男性の方が美醜による格差が大きいのであろうか。

第1に、男性の方が女性よりも平均賃金・所得が高いので、高い賃金・所得を得る人、逆に低い所得・賃金を得る人との

表5-2　容姿が収入に与える影響

	女性	男性
平均より上（4点または5点）	8＊	4
平均より下（2点または1点）	−4＊	−13＊

1970年代のアメリカ
（評価が3点の平均的な容姿の働き手との比較）
収入を左右する他の多くの要因の影響を調整してある
＊は統計的に優位にゼロではないことを表す
Daniel Hamermesh and Jeff Biddle,"Beauty and the Labor Market," American Economic Review 84(December 1994), pp.1174-94より転載
出所：ハマーメッシュ

差が必然的に大きいので、容姿による差もそれに伴って大きくなる。

第2に、世の中まだ女性の全員が働いていないのであり、女性の容姿の差がそもそも仕事に就く前の、働くか働かないかに影響があるかもしれない。ただし美貌の女性がより働き、醜い女性がより働かない、といったことまで証明できないので、第2の理由は今後の検討課題である。

美しい容姿の人はなぜ得かの話題に戻すと、第3に、容姿の美しい人は自分に自信を持つ可能性が高いので、その自信の高さがその人の活動振りに役立つ可能性がある。自信があれば、何事にも積極的に取り組む姿勢があるし、この積極性がその人の業績の向上に貢献することがある。逆に、自分の容姿に自信のない人は、引っ込み思案になる可能性があるので、仕事上のチャンスを逃すこともありうる。

このように考えると、人の容姿から派生することとして、物事にあたる積極性と消極性の差が、その人の人生に影響を与えていそうである。具体的に人の容姿の差が、その人の生産性や働き振りにどれほどの差を与えているのか、まだ研究が少なくてよくはわかっていない。

劣等感は乗り越えられる

美男・美女は職業における活躍度、所得分配上での有利さなど、有利な状況にあることがわかった。これはまさに運よく容貌に恵まれて生まれたことによる効果であり、それこそ幸運を神に感謝してよいものである。

では、良い容姿に生まれなかった人は不公平かと問われれば、筆者は「NO」と答える。確かに美貌に生まれた人と比較して、仕事や所得、そして精神衛生上や男女関係において多少の不利を蒙るかもしれないが、人間の能力は容姿以外にも数多くある。

例えば、教育、職業、性格、身体的能力、働き振りなど、美醜によるハンディを覆すことのできる変数は多くある。どれだけ教育を受けるか、どれだけ勤勉に働くか、などは容姿とは無関係なので、大いに勉強するとか一生懸命仕事に励むことによって、容姿の良くないハンディをブッ飛ばすことは十分可能である。

むしろ筆者がもっとも危惧するのは、美貌の人が得をする3番目の理由として揚げた、容姿に自信のない人が劣等感に悩まされて、何事にも消極的になってしまうことにある。例えば、恋愛や結婚の相手探しや、日頃の人間関係において、他人から自分がどのような目でみられているか、などを気にばかりしているようでは、勉強、仕事などに積極的になれない可能性がある。

心理学者ではないので適当な策を思いつけないが、「容姿は人間の能力の一つにすぎず、貴男・貴女には他の人に負けない特質が必ずあるので、それを努力してみつけた上で、それを生かすべく邁進してほしい」と述べておこう。

あとがき

遺伝、能力、環境、努力、運、に関して、かなりのことがわかっていただけただろうか。「子どもは親を選べない」と言われる通り、自分がどのような能力を持って生まれるかは、遺伝によるところがあるので、それをコントロールするのは不可能である。さらに、どのような家庭で育てられるかも、まわりで決められる要素が強いし、教育の受け方にもそのような側面がある。これらは〝神の思し召し〟として諦めるしかない。

しかし、諦めるだけでは非常に物足りないし情けない。それを乗り越えるだけの度量があってこその人間である。

そうでないと、生まれながらの不利をそのまま引き継ぎかねない。大切なことは、自分の能力を冷静に判断して、自分に比較優位のある分野は何であるかをみつけて、できればそれを生かせる分野に進みたい。子どもにそれをみつけさせるのは困難なので、まわりの親や先生の役割はとても重要である。

次は、できるだけの努力をしてほしい。時に、努力は徒労に終わることもあるが、失敗を苦にしない広い心が必要である。そして希望がある限り、「努力は報われる」という格言を肝に銘じれば、多くの場合は努力が成功への道につながる。

ただし、闇雲に頑張るのではなく、自分の能力と特性に合致した合理的な努力が必要である。大人になってからの努力の内容と質は自分で決めるべきであるが、子どもに関しては親や先生などのまわりの助言が必要であろう。

自分の子どものことを考えたら、子どもの育て方や教育の与え方という環境は、親である自分が相当決められる立場にいる。自分のおかれた過去の環境でこれは良くなかったとわかっていることがあれば、自分の子どもにはそうしないことが大切である。できるだけ良い子に育つような環境を与え、そして努力するように仕向けるには、親の役割が相当に重要である。とはいえ親の好みを子どもに押しつけることがあってはならない。子どもの能力と性格を冷静に見極める必要がある。

最後に、本書でさほど述べなかったことであるが、「希望」や「期待」についてふれておこう。人間、誰しもこれらを持っていた方が努力のための励みになるし、それらを達成したときの幸福感には絶大なものがある。ただし実現不可能な夢物語ではなく、自分の能力や環境に合致した「希望」や「期待」を設定することが肝心である。

本書の内容は、遺伝、能力、環境、努力、運といったことに関して、学問的にかなりの水準の高い話題を含んでいるが、できるだけわかりやすく執筆したつもりである。もしわかりにくいところがあれば、著者の能力不足によるところで、陳謝する次第である。

本書の出版を勧められた平凡社新書編集部の和田康成氏に感謝したいと思う。当然のことながら、残されているかもしれない誤謬と主張に関することは、著者のみの責任である。

２０１７年10月

橘木俊詔

参考文献

Bouchard, T. J. (1999) "Genes, Environment and Personality," in Cesi, S. J. and Williams, W. M. ed. The Nature-Nurture Debate, Blackwell, pp.98-103

Bouchard, T. J. (2004) "Genetic Influence on Human Psychological Traits," Current Directions in Psychological Science, vol.13, pp.148-151

Clark, W. R. and Grunstein, M. (2000) Are We Hardwired? The Role of Genes in Human Behavior, Oxford University Press,（『遺伝子は私たちをどこまで支配しているか：ＤＮＡから心の謎を解く』鈴木光太郎訳、新曜社）

Flyrin,J.(2013) Intelligence and Human Progess:The Story of What was Hidden in Our genes Academic Press

Galton, F.(1869) Hereditary Genius, Macmillan Press

Gottfredson, L(2000) "Intelligence" in E. F. Borgatta and R. J. V. and Montgomery（eds.）, Encyclopedia of Sociology, Vol.2., pp.1359-1386

Heckman, J.J. and Krueger,A. B.(2003) Inequality in America: What Role for Human Capital Policies? MIT Press

Heckmam,J.J.(2006) “Skill Formation and the Economics of Investing in Disadvantaged Children”, Science, vol.312, pp.1900-1902

Herrnstein, R. J. and C. Murray (1994) Bell Curve: Intelligence and Class Structure in American Life, Free Press

Jensen, A. (1969) “How Much Can We Boost IQ and Scholastic Achievement?” Harvard Educational Review, vol.39, pp.1-123

Smith, D. (1987) The Everyday World as Problematic: A Feminist Sociology, Northeastern University Press

Tachibanaki, T. and S. Sakoda（2016）“Comparative Study of Happiness and Inequality in Five Industrialized Countries,” in T. Tachibanaki, (ed.) Advances in Happiness Research, Springer, chapter 7, pp.97-118

Turkheimer, E. (2000) “Three Laws of Behavior Genetics and What They Mean, ”Current Directions in Psychological Science, vol.9, pp.160-164

安藤寿康 (1999)『遺伝と教育――人間行動遺伝学的アプローチ』風間書房

安藤寿康 (2000)『心はどのように遺伝するか――双生児が語る新しい遺伝観』講談社ブルーバックス

安藤寿康 (2011)『遺伝マインド――遺伝子が織り成す行動と文化』有斐閣 Insight

安藤寿康 (2016)「個性は遺伝と環境の共同作業でできている」『遺伝とゲノム』増補第2版、ニュートンプレス、pp.24-29

石浦章一 (2007)『「頭のよさ」は遺伝子で決まる!?』ＰＨＰ新書
礒山雅・久保田慶一・佐藤真一編著 (2012)『教養としてのバッハ』叢書ビブリオムジカ
井上章一 (1991)『美人論』リブロポート
卯月由佳 (2004)「小中学生の努力と目標――社会的選抜以前の親の影響力」本田由紀編『女性の就業と親子関係』勁草書房、第7章、pp.114-132
エリクソン、アンダースとロバート・プール (2016)『超一流になるのは才能か努力か?』土方奈美訳、文藝春秋（A. Ericsson and R. Pool, PEAK : Secrets from the New Science of Expertise, Audiobook, 2016）
尾崎春樹 (2014)『ＰＩＳＡ・ＴＡＬＩＳ調査から見る日本の教育・教員政策の現状と課題』国立教育政策研究所報告書
ガードナー、H (2001)『ＭＩ：個性を生かす多重知能の理論』松村暢隆訳、新曜社（Frames of Mind:The Theory of Multiple Intelligences, Basic Books, 1983）
神原文子 (2001)「〈教育する家族〉の家族問題」『家族社会学研究』vol.12(2) pp.197-207
グールド、S(1989)『人間の測りまちがい――差別の科学史』鈴木善次・森脇靖子訳、河出書房新社（Stephen J. Gould, The Mismeasure of Man, W. W. Norton & Company Ltd., 1981）
久保田慶一 (2015)『バッハの四兄弟』音楽之友社
コクラン、グレゴリー、ヘンリー・ハーペンディング (2010)『一万年の進化爆発』古川奈々子訳、日経ＢＰ社（Gregory Cochran and Henry Harpending, The 10,000 Year Explosion: How Civilization

Accelerated Human Evolution, Basic Books, 2009)

酒井泰弘 (2006)『リスク社会を見る目』岩波書店

志水宏吉・伊佐夏実・知念渉・芝野淳一 (2014)『調査報告 「学力格差」の実態』岩波ブックレット No.900

志水宏吉・前場優作 (2014)『福井県の学力・体力がトップクラスの秘密』中公新書ラクレ

杉江修治 (1996)「学級規模と教育効果」『中京大学教養論叢』第37巻、第1号、pp.147-190

武川正吾 (2012)「２０００年代の社会意識の変化」武川正吾／白波瀬佐和子編『格差社会の福祉と意識』東京大学出版会、１章、pp.11-32

武田恒夫 (1995)『狩野派絵画史』吉川弘文館

橘 玲 (2016)『言ってはいけない——残酷すぎる真実』新潮新書

橘木俊詔 (2008)『女女格差』東洋経済新報社

橘木俊詔 (2009)『東京大学 エリート養成機関の盛衰』岩波書店

橘木俊詔 (2013)『「機会不均等」論』ＰＨＰ研究所

橘木俊詔 (2014)『実学教育改革論——「頭一つ抜ける」人材を育てる』日本経済新聞出版社

橘木俊詔 (2015a)『日本のエリート——リーダー不在の淵源を探る』朝日新書

橘木俊詔 (2015b)『フランス産エリートはなぜ凄いのか』中公新書ラクレ

橘木俊詔 (2016)『新しい幸福論』岩波新書

橘木俊詔 (2017a)『子ども格差の経済学——「塾、習い事」に行ける子・行けない子』東洋経済新報社

橘木俊詔 (2017b)『福祉と格差の思想史（仮題）』ミネルヴァ書房、近刊
橘木俊詔・木村匡子 (2008)『家族の経済学——お金と絆のせめぎあい』NTT出版
橘木俊詔・迫田さやか (2013)『夫婦格差社会——二極化する結婚のかたち』中公新書
ドーキンス、リチャード (2006)『利己的な遺伝子』（増補新装版）日高敏隆、岸由二、羽田節子訳、紀伊國屋書店（Richard Dawkins, The Selfish Gene, Oxford University Press, 1976）
中室牧子 (2015)『「学力」の経済学』ディスカヴァー・トゥエンティワン
二木美苗 (2012)「学級規模が学力と学習参加に与える影響」内閣府経済社会総合研究所『経済分析』第186号、pp.30-47
ニスベット、R・E (2010)『頭のでき——決めるのは遺伝か、環境か』水谷淳訳、ダイヤモンド社（Richard E. Nisbett, Intelligence and How to Get It, Brockman, Inc., 2009）
橋本健二 (2003)『階級・ジェンダー・再生産——現代資本主義社会の存続メカニズム』東信堂
ハマーメッシュ、ダニエル・S (2015)『美貌格差——生まれつき不平等の経済学』望月衛訳、東洋経済新報社（Hamermesh D.S., Beauty Pays, Princeton University Press, 2010）
ヘックマン、ジェームス (2015)『幼児教育の経済学』古草秀子訳、東洋経済新報社（Heckman,J.J.,giving Kids a Fair chance,MIT press,2013）
本田由紀 (2004)「「非教育ママ」たちの所在」本田由紀編『女性の就業と親子関係』勁草書房、第10章、pp.167-184
牟田和恵 (2006)『ジェンダー家族を超えて——近現代の生／性の政治とフェミニズム』新曜社

山下絢（2008）「米国における学級規模縮小の効果に関する研究動向」『教育学研究』第75巻、第1号、pp.13-22
米本昌平・松原洋子・橳島次郎・市野川容孝（2000）『優生学と人間社会——生命科学の世紀はどこへ向かうのか』講談社現代新書
リドレー、マット（2004）『やわらかな遺伝子』中村桂子・斉藤隆央訳、紀伊國屋書店（Matt Ridley, Nature via Nurture, Harper Collins Publishers, 2003）

【著者】
橘木俊詔（たちばなき としあき）
1943年兵庫県生まれ。小樽商科大学卒業。大阪大学大学院を経て、ジョンズ・ホプキンス大学大学院博士課程修了。仏・独・英に滞在後、京都大学大学院経済学研究科教授、同志社大学経済学部教授、経済企画庁客員主任研究官などを経て、現在、京都女子大学客員教授。おもな著書に、『格差社会』『日本の教育格差』『新しい幸福論』（以上、岩波新書）、『夫婦格差社会』（共著、中公新書）、『プロ野球の経済学』（東洋経済新報社）、『東大 vs 京大』（祥伝社新書）などがある。

平凡社新書８６０

遺伝か、能力か、環境か、努力か、運なのか
人生は何で決まるのか

発行日――2017年12月15日　初版第１刷

著者――橘木俊詔
発行者――下中美都
発行所――株式会社平凡社
東京都千代田区神田神保町3-29　〒101-0051
電話　東京（03）3230-6580［編集］
東京（03）3230-6573［営業］
振替　00180-0-29639
印刷・製本―株式会社東京印書館
装幀――菊地信義

ISBN978-4-582-85860-0
NDC 分類番号361.8　新書判（17.2cm）　総ページ240
平凡社ホームページ　http://www.heibonsha.co.jp/